Selbstmotivation

Wie Sie dauerhaft leistungsfähig bleiben

Reinhold Stritzelberger

2. Auflage

HAUFE.

Inhalt

Vorwort

In diesem TaschenGuide dreht sich alles darum, was Sie selbst tun können, um jeden Tag aufs Neue wieder motiviert, frisch und gut gelaunt zur Arbeit zu gehen – und abends mit dem Gefühl nach Hause zu kommen: „Das war ein guter Tag für mich – er hat sich gelohnt."

Sie fragen sich vielleicht: „Geht das? Ist das realistisch? Jeden Tag? Mein Leben lang?" Die Antworten auf diese vier Fragen lauten: „Ja. Ja. Ja. Und: Ja." Es geht. Zugegeben, es ist nicht einfach und wird Ihnen nicht in den Schoß fallen. Aber es geht. Sie schaffen das. Nicht für das Unternehmen. Nicht für Ihren Vorgesetzten. Für sich selbst! Denn wer motiviert seiner Arbeit nachgeht, fühlt sich besser und lebt gesünder.

Um dauerhaft selbstmotiviert zu sein, reicht es natürlich nicht, einfach nur schnell mal einen Schalter umzulegen. Aber Sie können sich diesem Zustand Schritt für Schritt in zügigem Tempo nähern. Dafür liefert Ihnen dieser Taschen-Guide wertvolle und erprobte Impulse.

Gewidmet ist das Buch meinen wundervollen und (fast) immer selbstmotivierten Eltern Antonie und Josef Stritzelberger.

Viel Freude beim Lesen wünscht Ihnen

Reinhold Stritzelberger

5

Anderes Denken – höhere Selbstmotivation

Wer glaubt, seine Motivation wäre allein von äußeren Umständen abhängig, irrt. Die Art und Weise, wie wir denken, motiviert uns tausendfach mehr als jede Gehaltserhöhung – vor allem langfristig. Wir können uns viel mehr selbst steuern als wir gemeinhin denken.

In diesem Kapitel erfahren Sie,

- welche weit verbreiteten Vorstellungen uns demotivieren,
- warum Positives Denken nicht reicht und sogar schädlich sein kann,
- welche Gedanken uns helfen, Tatendrang zu entwickeln,
- wie man vom bloßen Vorsatz zur Tat kommt.

Warum uns gängige Vorstellungen ausbremsen

Ist es nicht erstaunlich, wie wir uns mit den eigenen Gedanken hemmen? Umgekehrt: Ist es nicht erstaunlich, wie wenig wir unsere Gedanken im positiven Sinn nutzen? Lassen Sie uns betrachten, welche Denkweisen bei den meisten Menschen im Lauf ihres Berufslebens dazu führen, dass sie keine rechte Lust mehr an ihrer Arbeit haben.

Laut einer Studie des renommierten Gallup-Instituts arbeitet in Deutschland nur rund jeder zehnte Arbeitnehmer überdurchschnittlich engagiert. Die anderen haben mehr oder minder die Lust verloren. Woher kommt diese Haltung? Warum schleppen sich die meisten tagtäglich an den Arbeitsplatz und verrichten dort gerade das Nötigste – und keinen Deut mehr? Glauben Sie, dass daran nur die Unternehmen schuld sind? Sind es nicht auch die sehr verbreiteten, aber leider sehr demotivierenden Vorstellungen in uns selbst?

Dabei sind wir doch einmal ganz enthusiastisch ins Berufsleben gestartet: mit Träumen, Visionen und dem Drang, etwas zu bewirken. Entsinnen Sie sich, wie das bei Ihnen war? Irgendwann stellt man frustriert fest, dass kaum etwas davon eingetroffen ist, wechselt hoffnungsvoll den Arbeitgeber – um dann nach ein paar Jahren oder vielleicht schon nach wenigen Monaten zu entdecken, dass man wieder in der gleichen Tretmühle gelandet ist.

Eines ist sicher: Das liegt nicht nur an den Unternehmen, die zu wenig für ihre Mitarbeiter tun. In erster Linie liegt es an uns selbst und einigen Vorstellungen, die ebenso verbreitet wie ungünstig für unsere Entwicklung sind.

Übung: Was sind Ihre Beweggründe?

Bitte nehmen Sie sich die Zeit und beantworten Sie die folgenden zwei Fragen schriftlich. Haben Sie diesen TaschenGuide durchgelesen oder, im Idealfall, durchgearbeitet und sind Sie am Ende angelangt, lesen Sie bitte nochmals die Zeilen, die Sie hier notiert haben. Sie werden erstaunt sein, was in 127 Seiten alles stecken kann.

- Was möchte ich aus diesem TaschenGuide „Selbstmotivation" lernen? Auf welche konkreten Fragen möchte ich Antworten haben?
- Welche Erwartungen habe ich an dieses Büchlein in puncto Selbstmotivation? Warum habe ich es gekauft?

Denkfehler Nr. 1: Die äußeren Umstände demotivieren mich

„Was!?", denken da viele, „Das soll ein Denkfehler sein? Dem ist doch so! Schließlich behandelt mich mein Chef wie den letzten Dreck und eine Gehaltserhöhung gab es schon seit drei Jahren nicht mehr. Wie soll ich da noch motiviert sein?"

Auf diese Art und Weise zu denken ist fast schon ein Reflex. Oder kennen Sie einen einzigen Menschen, der Frust im Job schiebt und sagt: „Nun, vielleicht ist es auch ein klein wenig meine eigene Schuld ...?" Menschen neigen dazu, andere für ihre unbefriedigende Lage verantwortlich zu machen.

Bevor wir in den nächsten Kapiteln an die Überlegung herangehen, welche Vorstellungen denn hilfreicher sein könnten, gilt es die Frage zu beantworten: Warum ist dem so? Warum schaden sich so viele Menschen mit ihren Vorstellungen selbst? Die Antwort ist ebenso einleuchtend wie simpel:

Äußere Umstände für die eigene Motivation verantwortlich zu machen, ist uns anerzogen worden. Wie sich diese Erfahrungen zu fast unverrückbaren Überzeugungen auswachsen, erfahren Sie im Kapitel „Justieren Sie Ihre Einstellungen".

Wir lernen zu reagieren statt zu agieren

Die ganze Welt ist darauf ausgelegt, dass Menschen nicht agieren, sondern größtenteils reagieren. Am besten alle miteinander auf Kommando.

Beispiel

Als Kind räumen wir das Zimmer auf, wenn die Mama es uns befiehlt. In die Schule gehen wir, wenn die Glocke läutet; gelernt wird erst, wenn eine Klausur ansteht. Heutige Studierende berichten doch tatsächlich, dass sie sich nicht mehr langfristig auf Prüfungen vorbereiten, sondern erst kurz vor der Prüfung Gas geben können, wenn der Druck entsprechend groß ist. Dem Lebenspartner schenken wir erst Zeit und Aufmerksamkeit, wenn er sich fast schon trennen will – und selbst um unsere Gesundheit kümmern wir uns erst, wenn es so richtig weh tut.

Das alles sind Reaktionen auf Impulse von außen. Diese Reaktionen zeigen wir dann auch ganz selbstverständlich in unserem Berufsleben: Wir werden aktiv, wenn die Führungskraft etwas einfordert, wenn ein Termin bedrohlich nahe rückt oder wenn der Kunde mit Stornierung droht. Dabei hätten wir meist schon im Vorfeld aktiv werden und gegensteuern können.

> Wir tendieren dazu, äußere Umstände für unser Wohlergehen verantwortlich zu machen.

Die eigene unzureichende Leistung begründen wir mit äußeren Einflussfaktoren wie dem Chef, den miesen Sozialleistungen, der jahrelang hinausgeschobenen Gehaltserhöhung und, und, und.

Wärme mich, dann kriegst du Holz!

Das erinnert ein wenig an den Frierenden, der vor seinem offenen, kalten Kamin sitzt und zu diesem sagt: „Wenn du mich wärmst, gebe ich dir ein Scheit Holz."

Widersinnig, klar. Dabei verhalten sich viele Menschen im Berufsleben genau so widersinnig. Doch wer glaubt, dass sein Unternehmen für die eigene Motivation verantwortlich sein müsse, bremst sich nicht nur aus, sondern fühlt sich auch noch schlecht dabei. Warum? Wer auf andere angewiesen ist, fühlt sich – zu Recht – abhängig. Wer abhängig ist, hat wenig oder keine Eigenmacht. Ohnmacht macht sich breit.

Das muss nicht sein. Es gibt eine Haltung, mit der man sich deutlich besser fühlt. Die Persönlichkeitspsychologie beschreibt sie als „Glaube an die persönliche Eigenmacht".

> Wer das subjektive Gefühl hat, er könne etwas ändern, etwas steuern, dem geht es besser als jenem, der glaubt, hilflos den Einflüssen von außen ausgeliefert zu sein.

Achtung: Es geht dabei nicht darum, was "wahr" ist. Es geht darum, wie man subjektiv von etwas überzeugt ist. Wenn zwei Mitarbeiter den identischen Arbeitsplatz haben, kann der eine davon überzeugt sein, ein kleines Rädchen im Getriebe zu sein und wie ein Hamster im Hamsterrad immer kräftig Gas geben zu müssen, ohne jedoch voran zu kommen. Der andere Mitarbeiter ist der – vielleicht irrigen – Meinung, er bewirke wirklich etwas mit seiner Arbeit. Vielleicht denkt er sogar wahnwitziger Weise, er sei unersetzbar oder seine Arbeit sei fürs Unternehmen ungeheuer wertvoll. Unabhängig davon, ob einer der beiden recht hat – welche Einstellung würden Sie wählen, wenn Sie es sich aussuchen könnten? Welche Einstellung hilft dem Einzelnen wohl mehr? Selbstredend fühlt sich derjenige besser, der aktiv ist, der verändert, der agiert.

Denkfehler Nr. 2: Denen zahle ich es heim!

Unrecht, das einem widerfährt, möchte man ausgleichen. Diese Einstellung hat der Mensch aus Urzeiten bis ins moderne Berufsleben herüber gerettet. Viele Menschen, die sich von ihrem Unternehmen demotiviert fühlen, möchten deshalb der eigenen Firma eins auswischen. Dann ginge es ihnen besser, meinen sie. Ein Irrglaube. Denn das Verhältnis zwischen Angestellten und Unternehmen ist wie die Beziehung zwischen Ehepartnern: Verliert eine Seite, verlieren im Endeffekt beide Seiten.

Das folgende Beispiel ist möglicherweise nur erfunden, trifft jedoch den Nagel auf den Kopf.

Beispiel

> Ein begüterter amerikanischer Ehemann verkaufte sein gesamtes Hab und Gut zum Spottpreis: den Jaguar für 100 Dollar, das Landhaus für 1.000 Dollar usw. Was steckte dahinter? Der Ehemann war gerade gegen seinen Willen geschieden worden und der Richter hatte verfügt, dass das gesamte Vermögen zu gleichen Teilen unter beiden Ehegatten aufgeteilt werden müsse.

Mit dem Wunsch, sich an seiner Frau zu rächen, schädigte sich der Mann letztlich auch selbst. Über diese offensichtliche Dummheit muss jede(r) sofort schmunzeln. Wird ähnliches Verhalten aber in einem Unternehmen beobachtet, gelangt seine Konsequenz weniger schnell an die Erkenntnisoberfläche.

Beide Seiten nehmen Schaden

Auch in Unternehmen gibt es frustrierte Mitarbeiter, die vorsätzlich ihre Kollegen behindern, Schäden verursachen, Sabotage betreiben oder Interna an die Konkurrenz weitergeben. Auf den ersten Blick erkennt man lediglich, dass der Mitarbeiter dem Unternehmen schadet. Was es für den Einzelnen selber bedeutet, ist einer näheren Betrachtung wert.

Beispiel

> Ein mittelständisches Unternehmen aus Baden-Württemberg. Intensive Zusammenarbeit meinerseits mit einem Mitarbeiter auf sehr vertrauensvoller Grundlage. Mir fällt auf, dass es etliche Chancen gibt, neue Kunden zu gewinnen. Auf die Frage, warum er die Kunden nicht angehe, antwortet der Mitarbeiter: „Weil ich das meinem Chef nicht gönne!“
>
> Unabhängig vom Vorgesetzten – welche Auswirkungen hat diese Einstellung auf den Mitarbeiter selbst?

Dass das Unternehmen hier der Verlierer ist, liegt auf der Hand. Aber wo soll der Schaden beim Arbeitnehmer liegen?

Die verblüffende Antwort: Der Arbeitnehmer schadet sich selbst, weil er seine Leistung und damit sein Selbstwertgefühl mindert.

Leistung stärkt unser Selbstwertgefühl

Beispiel

Mitarbeiter A und Mitarbeiter B haben in einem Konzern nahezu identische Arbeitsplätze, Positionen und Rahmenbedingungen. Seit Jahren werden immer mehr Mitarbeiter entlassen; die nächste Welle rollt gerade an. Beide Arbeitnehmer empfinden die Situation als belastend.

Mitarbeiter A geht um 8:30 Uhr ins Büro, schiebt Dienst nach Vorschrift, verlängert künstlich seine Pausen, surft privat im Internet und bereitet schon frühzeitig den Feierabend vor. Abends fährt er um 17.30 Uhr unbefriedigt nach Hause, denn er war den ganzen Tag nicht ausgelastet und hat nichts geleistet.

Mitarbeiter B geht um dieselbe Uhrzeit ins Büro. Er erledigt konzentriert und in bestmöglicher Qualität sowie Geschwindigkeit seine Aufgaben. Abends fährt er ebenfalls um 17.30 Uhr nach Hause.

Das unterschiedliche Verhalten wirkt sich aus: Mitarbeiter B fühlt sich deutlich besser als sein Kollege. Er hat etwas geleistet. Vermutlich hat er mehr Power und Energie. Vermutlich kehrt er mit mehr Elan nach Hause zurück. Und vermutlich trägt er diesen Elan mit in den Feierabend und ins Wochenende.

Es ist offensichtlich – natürlich fühlt sich Mitarbeiter B deutlich besser. Der psychologische Hintergrund dazu: Die eigene Leistung ist ein wichtiger Beitrag zum persönlichen Gefühl des Selbstvertrauens und des Wohlbefindens.

Jetzt kann man natürlich nicht ratzfatz umschwenken und sagen: „Hmm, ja, stimmt. Dann setze ich mich eben wieder voll ein." So leicht geht das nicht. Vor allem, wenn man vielleicht schon jahrelang mit angezogener Handbremse unterwegs war.

Eigentlich bin ich ganz anders – aber ich komme so selten dazu!

Was, wenn wir „eigentlich" unser Bestes geben wollen, uns aber von den äußeren Umständen demotiviert fühlen? Dieses Wörtchen „eigentlich" bringt es an den Tag: Viele wollen „eigentlich" selbstmotiviert gute Arbeit leisten. Sie sind selbst am meisten enttäuscht, dass das selten oder gar nicht mehr klappt. Und sie wissen nicht, woran das liegt und was sie ändern könnten. Geht es Ihnen ebenso? Sie können etwas dagegen tun. Erstens: Lesen Sie ganz aufmerksam das nächste Kapitel „Engagiert Denken – der bessere Weg". Zweitens: Tappen Sie auf keinen Fall in die Denkfalle Nr. 3.

Denkfehler Nr. 3: Ich muss positiv denken!

Kommen wir zur dritten großen und weit verbreiteten Vorstellung, die uns ausbremst: das Positive Denken. Kennengelernt hat es in der einen oder anderen Form sicher schon jede(r).

Als Urheber des Positiven Denkens wird in der wissenschaftlichen Literatur Emile Coué genannt, ein französischer Apotheker. Coué war davon überzeugt, dass sich jeder Mensch selbst positiv beeinflussen kann. Er gilt als Begründer der

Selbstbeeinflussung. Seinen Patienten gab er positive Aussagen mit auf den Weg, die sie sich mindestens 20 Mal am Tag vorsagen oder verinnerlichen sollten.

> „Du kannst alles erreichen – wenn du nur daran glaubst!" Ein typischer Spruch aus so genannten Motivationstrainings. Das erinnert ein bisschen an den Zirkusdompteur, der einen Reif etwa einen Meter in die Luft hält. Darunter kriecht eine Schnecke, der er zuruft: „Du schaffst es! Streng dich an! Du schaffst es!"

Später war es vor allem Joseph Murphy, der verbreitete, man könne das eigene Denken mit positiven Vorstellungen in eine optimistische Richtung lenken. Zu diesen Überzeugungen und Denkweisen gibt es noch unzählige Bücher, Seminare und selbsternannte Gurus, die einem das „Think positiv!" nahe bringen wollen.

Wünschen, loslassen, Hände in den Schoß legen

Vereinfacht ausgedrückt funktioniert das Positive Denken folgendermaßen: Sie stellen sich vor, was Sie wollen. Das malen Sie sich in den schönsten Farben und Formen aus; am besten spüren und hören und fühlen Sie alles, was es idealerweise so zu spüren, zu hören und zu fühlen gibt. Und dann, ganz wichtig: Lassen Sie den Wunsch los! Ja, genau – wenn Sie eine passgenaue Zielvorstellung haben, müssen Sie diesen Wunsch loslassen und ins Universum schicken. Oder wohin auch immer. Und dann können Sie gerne entspannt abwarten, bis der Wunsch erfüllt wird.

Laut diverser Anleitungen funktioniert so etwas nicht nur bei großen Zielen, wie der Suche nach dem idealen Lebenspartner, sondern auch bei den kleinen Problemen des Alltags. Beispiel: Parkplatzsuche in der vollen Innenstadt. Intensiv wünschen, Wunsch loslassen – und sich über den freien Parkplatz freuen.

> Dass Positives Denken allein nicht weiter bringt, wird an einem alten arabischen Sprichwort deutlich: „Vertraue auf Gott, aber binde dein Kamel an."

Rosen gedeihen besser, wenn man sie pflegt

Positives Denken ist passives Denken. Das ist zwar bequem, hat aber entscheidende Nachteile. Es kann sogar schädlich sein. Denn es verführt dazu, die Hände in den Schoß zu legen und abzuwarten, was passiert. Natürlich kann man eine Rose pflanzen und sich positive Vorstellungen davon machen, wie sie wächst und gedeiht. Aller Wahrscheinlichkeit nach ist es jedoch für die Rose hilfreicher, wenn sie gegossen, gedüngt, gehegt und gepflegt wird. Und nicht nur bei Rosen ist das so: Positives Denken allein genügt einfach nicht.

Beispiel

Ein tiefgläubiger Mann kommt beim Wandern vom Weg ab und tappt ins Moor. Er sinkt ein und kommt nicht mehr heraus. Ein anderer Mann kommt vorbei und fragt, ob er helfen könne. „Nein, nein – der liebe Gott wird mir schon helfen!" Eine Stunde später schaut der Mann sicherheitshalber nochmals vorbei und fragt wieder, ob er helfen könne. Der Wanderer lehnt erneut mit der gleichen Begründung ab. Jetzt ruft der andere die Feuerwehr. Die kommt, will helfen, aber der Mann, gerade noch mit dem Kopf über der Moorfläche, lehnt jede Hilfe ab: „Lasst nur – der liebe Gott wird mir schon helfen!"

Der Wanderer stirbt, kommt zu Petrus an die Himmelstür und fragt: „Sag mal, jetzt war ich mein ganzes Leben lang so gläubig – warum habt ihr mir nicht geholfen, als ich euch so nötig gebraucht habe?" Petrus runzelt die Stirn, schaut in seinem goldenen Buch nach und antwortet: „Wieso? Hier steht, dass wir dir zweimal einen hilfreichen Mann und einmal sogar die Feuerwehr geschickt haben!"

Engagiert denken – der bessere Weg

Wo das Positive Denken aufhört, beginnt das engagierte Denken. Mit dem rein Positiven Denken überlassen Sie die Veränderung der Umstände anderen: dem Chef, hilfreichen Menschen, dem Universum oder dem lieben Gott – doch der hat noch nie ein Kamel angebunden oder eine Rose gedüngt. Indem Sie engagiert denken, nehmen Sie Veränderungen selbst in die Hand. Und dabei können Sie auf eine Kraft setzen, die eine immense Wirkung entfaltet.

Die Kraft des Placebos

Sicher kennen Sie den Placebo-Effekt. Placebos sind Scheinmedikamente, also Arzneimittel ohne Wirkstoff. Sie werden Patienten so verabreicht, dass diese meinen, es handele sich um echte Medikamente. Das Verblüffende daran: Placebos haben einen hohen Wirkungsgrad.

Wer Kopfschmerzen hat und eine Tablette nimmt, wird aller Wahrscheinlichkeit ein Nachlassen der Kopfschmerzen feststellen, auch wenn es sich bei dem Medikament nur um ein Placebo gehandelt hat.

Woran liegt das? Natürlich denkt man zuerst: „Weil ich daran glaube." Ja, stimmt. Reicht aber nicht! Beim Placebo-Effekt kommt etwas ganz Entscheidendes dazu. Nimmt man beispielsweise Kopfschmerzpatienten, die Placebos bekommen haben, Blut ab, finden sich darin Stoffe, die ihr Körper ausgeschüttet hat, um die Schmerzen zu bekämpfen.

Sie bekommen genau so viel Kraft, wie Sie brauchen

Im Klartext: Unser Körper stellt sich energetisch auf zukünftige Situationen ein – beziehungsweise auf Lagen, von denen er überzeugt ist, dass sie auf ihn zukommen werden. Sind Sie überzeugt, dass spannende Zeiten auf Sie zukommen, die Ihre gesamte Kraft erfordern – dann schenkt Ihnen Ihr Körper diese Kraft. Ihr Körper schüttet dann die entsprechenden Stoffe aus, und Sie kriegen die benötigte Energie. Hier wirkt der Placebo-Effekt im positiven Sinne. Negativ wirkt er, wenn Sie etwa davon überzeugt sind, dass etwas Ödes auf Sie zukommt, bei dem sich der Einsatz nicht lohnt – dann bekommen Sie von Ihrem Körper eben ein geringeres Maß an Energie.

Beispiel

Olaf Tescher war 54 Jahre alt, als er mich zu einem privaten Coaching aufsuchte. Er fühlte sich irgendwie nicht ganz wohl in seiner Haut, doch er wusste weder, woran das lag, noch wie er dem psychischen Unwohlsein entfliehen sollte. Im Alter von 55 Jahren, also in zwölf Monaten, würde er seinen Ruhestand antreten. Das war in seiner Firma so üblich. Finanziell war er abgesichert. Für viele Menschen ein Grund zum Jubeln. Nicht so für Olaf Tescher.

> Irgendwann kam heraus, wo der Knackpunkt lag: „Die letzten 30 Jahre waren absolut spannend. Ich war viel im Ausland, habe eine Menge extrem anspruchsvoller Projekte durchgezogen, war Berater des Vorstands – und jetzt? Jetzt habe ich das tiefe Gefühl, dass ich meinen Zenit überschritten habe und dass es ab jetzt abwärts geht."

Denken Sie an den Placebo-Effekt: Wer der Meinung ist, nicht mehr gebraucht zu werden, wer glaubt, er könne bald nicht mehr zeigen, was er drauf hat – der bekommt selbstredend auch nur so viel Energie, wie er dafür benötigt. Stellen Sie sich einmal den Unterschied vor, wenn Olaf Tescher denken würde: „Die letzten 30 Jahre habe ich für das Unternehmen alles gegeben. Jetzt geht es nur noch um mich. Die nächsten Jahrzehnte verwende ich meine Kraft für mich ganz persönlich. Ich setze mich gleich mal hin und schreibe auf, was ich mir schon lange erträumt, gewünscht habe." Der Körper würde dann literweise aktivierende Botenstoffe ausschütten.

Der Placebo-Effekt hat nichts mit Esoterik zu tun – er wurde in unzähligen wissenschaftlichen Studien zweifelsfrei nachgewiesen. Heute beschäftigt sich ein ganzer Forschungszweig mit der Wirkungsweise von Placebos. Dabei kommen ganz erstaunliche Erkenntnisse zu Tage. Etwa dass Placebos besser wirken, wenn sie vom Arzt und nicht von der Arzthelferin verabreicht werden, oder dass teurere Placebos besser wirken als preisgünstige.

Die Essenz des engagiert Denkens

Machen Sie sich den Placebo-Effekt zu Nutze, indem Sie engagiert denken! Denken ist ein Prozess, bei dem man sich selbst Fragen stellt und beantwortet. Je besser die Fragen sind, die man sich stellt, desto besser fallen die Antworten aus. Das ist der Kern des engagiert Denkens.

> Die zentrale Frage dieser Methode können Sie sich fast immer stellen, wenn Sie etwas verändern wollen. Diese *eine* Frage kann tatsächlich Ihr Leben verändern. Sie lautet: „Was kann ich tun?"

Sie warten schon Jahre auf Ihre Beförderung? Sie möchten einen Bereich leiten? Andere Aufgaben zugeteilt bekommen? Ein Jahr im Ausland verbringen? Fragen Sie sich: „Was kann ich tun, um die bessere Position zu bekommen?"

Nutzen Sie die Kraft des engagiert Denkens. Setzen Sie die Frage gezielt ein. Sie wird Ihnen Tür und Tor öffnen – vor allem bei sich selbst. Denn es geht um Sie! Natürlich ist die Frage auch hilfreich, wenn Sie von anderen etwas haben möchten. Aber in erster Linie geht es um Sie, und Sie sollten sich selbst fragen, was Sie tun können, um Ihr Ziel zu erreichen.

Wenn Sie schon ein bisschen fortgeschrittener sind und mit dieser Frage ständig arbeiten – dann fragen Sie sich doch einmal: „Was kann ich *noch* tun?"

Beispiel

Florian Mälzer trat seit Jahren auf der Stelle. Es schien für ihn kein Fortkommen im Unternehmen zu geben. Vor Kurzem war ihm ein neuer Bereichsleiter vor die Nase gesetzt worden. Er war sich sicher, dass er diese Funktion mindestens ebenso gut hätte ausfüllen können. Die dafür benötigte Qualifikation, eine ganz besondere Weiterbildung, hatte ihm sein Unternehmen bislang verweigert. Herr Mälzer spürte, wie er immer unzufriedener wurde. Er trug sich mit Abwanderungsgedanken und stimmte teilweise sogar schon mit in das Wehklagen seiner Kollegen ein. Zufälligerweise kam er mit dem engagiert Denken und der speziellen Fragestellung in Berührung. Sofort machte er sich ans Werk und schrieb auf: „Was kann ich tun, um innerhalb von zwei Jahren Bereichsleiter zu werden?"

Insgesamt dreieinhalb DIN-A 4-Seiten brachte Florian Mälzer zu Papier. Ein Punkt, vielleicht der entscheidende, lautete: „Auf eigene Kosten die notwendige Weiterbildung machen." 14 Monate später, mit der neuen Qualifikation, erhielt er seine Beförderung.

Selbstredend ist diese Frage nicht die Wunderwaffe für und gegen alles. Aber sie fokussiert ungemein auf die eigene Antriebsfähigkeit. Sie aktiviert Energien, die beim Jammern verschüttet bleiben. Sie arbeitet auf ein Ziel hin und schenkt Zuversicht, statt uns problemorientiert in Apathie verfallen zu lassen. Probieren Sie es aus!

Selbstmotivation als Entscheidung

Glauben Sie, dass man sich für ein selbstmotiviertes Leben und Arbeiten frei entscheiden kann? Ich bin davon fest überzeugt. Einzige Voraussetzung dafür ist: Sie müssen es wollen.

Beispiel

Ein junger Mann fragte Sokrates: „Was ist das Geheimnis für Erfolg?" Sokrates antwortete: „Komm mit zum Fluss." Am Ufer sagte er: „Jetzt gehen wir in den Fluss." Als beide bis zum Hals im Wasser standen, packte Sokrates den jungen Mann und drückte dessen Kopf unter Wasser. Der arme Kerl wehrte sich verzweifelt, aber Sokrates ließ ihn nicht los. Unendliche Sekunden lang. Als er endlich den Griff lockerte, prustete und hechelte der junge Mann nach Luft, völlig außer sich. Sokrates fragte: „Als du unten im

Wasser warst, was wolltest du da am meisten?" „Luft natürlich!", rief der andere.

„Siehst du", sagte Sokrates, „das ist das Geheimnis des Erfolgs. Wenn du Erfolg so sehr willst, wie du unter Wasser Luft wolltest, dann wirst du auch Erfolg haben."

Sagen Sie von ganzem Herzen „Ja"

Wenn Sie selbstmotiviert durchs Leben gehen möchten, müssen Sie sich bewusst und klar dafür entscheiden.

Selbstmotivation ist keine Charaktereigenschaft. Sie ist das Ergebnis eines Prozesses, der aus mehreren Schritten besteht. Diese Schritte kann man lernen und trainieren.

In der Fachliteratur bezeichnet „Selbstmotivation" meist die Fähigkeit eines Menschen, aus eigenem Antrieb und ohne unmittelbare Ermutigung oder Zwang durch andere Personen eine Anstrengung zu beginnen und sorgfältig und konsequent durchzuführen, bis das gesetzte Ziel erreicht ist.

Das mag so stimmen – ist aber nur 1 % von dem, was für Sie bedeutend ist. Statt dieser gestelzten Definition gefällt mir Folgendes besser: Selbstmotiviert sind Sie, wenn Sie

- wegen einer Sache so aufgeregt sind, dass Sie sich kaum bremsen können;
- ein Glitzern in den Augen haben, bei dem jeder Außenstehende spürt, wie verdammt ernst Sie es meinen;
- genau wissen, dass Sie alles geben, was Sie können, und dass Sie sich auch durch die größten Schwierigkeiten durchbeißen werden.

Es gäbe noch unzählige solcher Beschreibungen, wie ich sie schätze. Allen gemeinsam ist die für Sie entscheidende Erkenntnis: Ihre Selbstmotivation ist Ihre ganz eigene, bewusste Entscheidung.

Dahinter steht ein Prozess mit einzelnen Schritten und Methoden, und natürlich kann man die lernen und üben. Es ist tatsächlich vergleichbar mit dem Lernen eines Instruments oder einer Sportart: Bis zu einer gewissen Fertigkeit kann es jede(r) lernen. Aber wollen Sie das auch? Sind Sie sicher, regelmäßig üben zu wollen? Auch wenn Sie vielleicht gar keine Lust dazu haben?

Auch die Besten trainieren immer wieder Standards

Seien Sie sicher: Sind Sie gut in einer Sache, haben Sie das Ende der Fahnenstange noch nicht erreicht. Denn jetzt müssen Sie üben, um so gut zu bleiben wie Sie sind. Das fällt mir immer wieder auf, wenn ich ab und zu beim Training der deutschen Fußball-Nationalmannschaft zuschaue. Was trainieren die Jungs? Sicher, auch neue Spielzüge und taktische Finessen. Zum Großteil üben sie aber die banalsten Fertigkeiten, wie Eckstöße, Freistöße, Pässe, Fünf gegen Zwei und weitere Übungen, die sie allesamt schon tausendfach absolviert haben. Denken Sie daran, wenn Sie einmal der Gedanke beschleichen sollte: „Das kann ich doch schon ..." Knien Sie sich immer wieder voll hinein. Auch im Training. Auch wenn es im übertragenen Sinne stürmt und schneit und kein

Mensch bei solch einem Wetter vor die Tür gehen würde. Sie haben sich bewusst entschieden. Sie gehen raus, egal was ist.

Um so klar zu sein und das auch wirklich umsetzen zu können, müssen Sie im ersten Schritt aus ganzem Herzen „Ja" sagen. „Ja" zu einem, zugegebenermaßen anstrengenden, aber auch spannenden Leben – ein Leben, in dem Sie jeden Tag leidenschaftlich Ihr Bestes geben. Diese Entscheidung und Einstellung ist alles andere als selbstverständlich.

Beispiel

In einem Business-Coaching arbeitete ich mit Andrea Wittmann, Führungskraft, 42 Jahre. Sie hatte nach langen Jahren endlich ihre Traumposition in der Firma bekommen. Dafür sollte sie jetzt unter anderem mittels Coaching vorbereitet werden. Wir sprachen über die Anforderungen der neuen Position, ihre Qualifikationen, ihr Profil – alles schien ihren Vorstellungen zu entsprechen. Dennoch spürte ich eine Gehemmtheit bei ihr, eine angezogene Handbremse. Irgendwann fragte ich: „Frau Wittmann, wie viel Prozent von dem, was Sie drauf haben, von Ihrem Können, Ihrer Leidenschaft, Ihrem Engagement – wie viel Prozent von dem wollen Sie für die neue Position einbringen?". Ich ging fest davon aus, dass sie „100 Prozent" antworten würde. Umso überraschter war ich, als sie nach einigem Nachdenken antwortete: „70 bis 80 Prozent".

Hier fragt sich: Wem schadet sie mit dieser Einstellung mehr – dem Unternehmen oder sich selbst?

Geben Sie 100 Prozent! Es lohnt sich. Oder, um auf das Beispiel von oben zu kommen: Wie viel Prozent sind Sie bereit, von sich einzusetzen?

Tatendrang lässt sich trainieren

Tatendrang lässt sich trainieren. Bevor Sie aber damit loslegen, ist es sinnvoll, zu schauen, wo Sie Ihre Energie am effizientesten und effektivsten einsetzen können. Denn nicht überall hat es den gleichen Effekt, wenn Sie sich engagieren. Die folgende Grafik veranschaulicht dies.

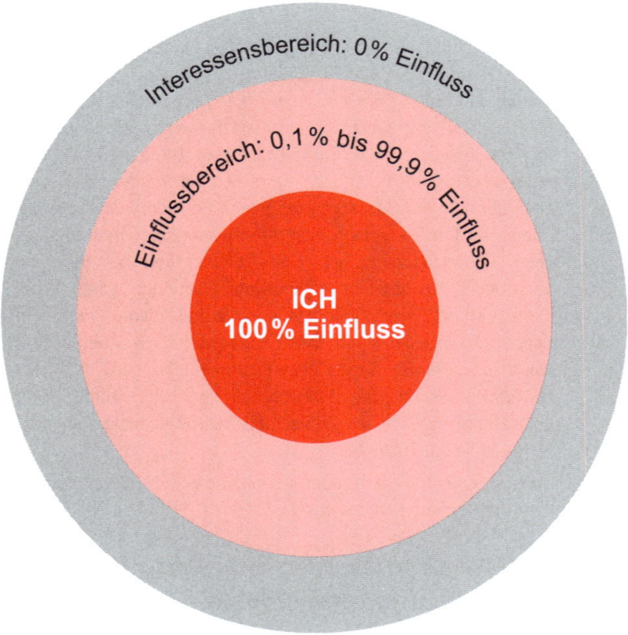

Interessens- und Einflussbereiche

Interessens- und Einflussbereich

Hier haben Sie drei Ebenen. Die äußerste heißt „Interessensbereich". Darin stecken all die Themen, die Sie zwar interessieren, auf die Sie aber im Endeffekt keinen Einfluss haben. Interessiert es Sie, wie das Wetter wird? Wie es um die amerikanische Außenpolitik bestellt ist oder wer im Fußball Deutscher Meister wird? Das sind typische Themen aus dem Interessensbereich. All das interessiert Sie, doch Sie haben keinerlei Einfluss darauf, können nichts beitragen.

Es ist daher sinnlos, für Themen aus dem Interessensbereich Energie aufzubringen. Und dennoch: Achten Sie einmal darauf, worüber sich die lieben Kollegen/Kolleginnen beschweren und worauf sie sich fokussieren – meist sind es Themen aus eben diesem Bereich. Themen, die sie überhaupt nicht beeinflussen können.

Im mittleren Bereich, dem Einflussbereich, finden sich Themen, die uns betreffen, die wir beeinflussen können, jedoch nie zu 100 Prozent. Sie können viel dafür tun – ganz haben Sie das aber nie in der Hand. Vielleicht haben Sie Kinder und möchten, dass aus ihnen selbstbewusste Menschen werden? Sie möchten eine traumhafte Ehe führen? Gesund bleiben bis ins hohe Alter oder mit Ihrem Vorgesetzten in einem großartigen Arbeitsverhältnis stehen? All das sind Themen aus dem Einflussbereich.

> Im Einflussbereich haben Sie keine Garantie auf Erfolg. Hier können Sie immer nur Ihr Bestes geben und darauf vertrauen, dass dies reicht. Doch Sie wären nicht der Erste, der sein Bestes gibt und dem dann gekündigt wird. Ihr Einsatz lohnt sich dennoch! Wer sich in seinem Einflussbereich voll einsetzt, erhöht die Wahrscheinlichkeit für ein gutes Ergebnis.

100 % für die Weltmacht mit den drei Buchstaben

Dann gibt es noch den zentralen Bereich, den innersten Kreis. Das ist die „Weltmacht" mit den drei Buchstaben – ICH. In diesem ICH-Bereich steckt alles, was Sie ganz allein beeinflussen können. Alles, was Sie im ICH-Bereich unternehmen, hat direkte und meist sofort erkennbare Auswirkungen. Wenn Sie hier ansetzen, erzielen Sie die größte Hebelwirkung.

Beispiel

Ein Coachee hatte laut eigenem Empfinden massenweise Baustellen in seinem Leben. Er wirkte überfordert, fast verzweifelt. Ich gab ihm die Aufgabe, bis zu unserem nächsten Treffen all seine Problemthemen in diese drei Bereiche einzuteilen. Im nächsten Gespräch wirkte er wie ausgewechselt. Zuerst war er ziemlich schockiert, als er feststellte, dass alle Baustellen im Einflussbereich und im ICH-Bereich zu finden waren. Irgendwann machte es „Klick". Ihm wurde schlagartig klar, dass das ein Glücksfall sein müsse: Er selbst hatte auf all seine Baustellen Einfluss. Er hatte Eigenmacht und war nicht ohnmächtig den äußeren Umständen ausgeliefert.

Ob Sie Ihr Wunschgewicht erreichen oder halten, ob Sie rauchen oder nicht, liegt zu 100 Prozent in Ihrer Macht – ebenso, ob Sie sich (beruflich) weiterentwickeln, Ihre Arbeit bestmöglich erledigen oder ob Sie dauerhaft selbst-motiviert sind.

All das liegt zu 100 Prozent an Ihnen.

Nutzen Sie den folgenden Selbst-Check für die Themen in Ihrem Leben, die Ihnen am Herzen liegen.

Selbst-Check: Was können Sie beeinflussen und was nicht?

Von der Ohnmacht zur Eigenmacht

1. Listen Sie all die Themen auf, die Sie im Moment beschäftigen. Zur besseren Strukturierung empfiehlt sich eine Unterteilung in die Bereiche Beruf, Beziehungen, Persönliches, Sonstiges.
2. Ordnen Sie die Themen den unterschiedlichen Bereichen (Interessens-, Einfluss- und ICH-Bereich) zu. Nehmen Sie für jeden Bereich ein gesondertes DIN-A4-Blatt.
3. Priorisieren Sie jeden Punkt von 1 bis 3 (1 = sehr wichtig/aktuell/belastend bis 3 = momentan nicht so wichtig).
4. Aller Wahrscheinlichkeit nach fallen Ihnen allein beim Lesen des Geschriebenen viele Möglichkeiten ein, aktiv zu werden – notieren Sie diese stichwortartig.
5. Markieren Sie eine einzige Aktion, die Sie definitiv in die Wege leiten. Beginnen Sie damit sofort.

Etwas vereinfacht bringt es das sogenannte Gelassenheitsgebet auf den Punkt, das sich auch die Anonymen Alkoholiker zum Leitspruch erkoren haben: „Herr, gib mir den Mut, die Dinge zu ändern, die ich ändern kann. Gib mir die Gelassenheit, Dinge hinzunehmen, die ich nicht ändern kann – und gib mir die Weisheit, das eine vom anderen zu unterscheiden."

Wo Einsatz höchste Dividende bringt

Am meisten voran bringen und ändern können Sie im ICH-Bereich. Hier erzielen Sie die größte Wirkung. Hier ernten Sie direkt die Früchte Ihres Engagements.

Fürs Berufsleben bedeutet das: Ihren Vorgesetzten werden Sie höchstwahrscheinlich nicht ändern, ebenso wenig die Unternehmenspolitik oder die Sozialleistungen. Das sind Themen aus dem Interessensbereich. Einfluss haben Sie, zumindest mehr oder weniger, auf den Umgang mit Ihren Kollegen, auf Ihre Zukunftsperspektiven oder auf die Kundenzufriedenheit.

100 %igen Einfluss haben Sie auf alles, was Sie selbst betrifft: Wie bilden Sie sich weiter? In welcher Qualität liefern Sie Ihre Arbeit ab? Wie gehen Sie mit Ihren Kollegen, Ihrem Chef, mit Kunden und Lieferanten um? Wie ist Ihre Arbeitsmoral? Es liegt auf der Hand, wo Ihr Einsatz die höchste Dividende bringt: im ICH-Bereich. Oft meinen wir, der Einzelne könne nicht viel bewirken – das Gegenteil ist der Fall.

Gut – jetzt haben Sie sich entschlossen, nicht mehr fremd-, sondern selbstmotiviert zu sein, und Sie haben die Themen identifiziert, bei denen Sie die größte Hebelwirkung haben. Jetzt geht es ans Üben. Das alles hört sich ganz einleuchtend und simpel an. Seien Sie sich jedoch bewusst: Die Schwierigkeit liegt in der Umsetzung!

Über 200 Kilometer mehr Bewegung pro Jahr

Bitte nehmen Sie sich jetzt nicht gleich Ihre größte Baustelle vor, sondern üben Sie die neuen Denkweisen und Methoden aus den nächsten Kapiteln an Dingen, die Ihnen als Kleinigkeiten erscheinen.

Parken Sie beispielsweise ein Jahr lang Ihren Wagen tagtäglich rund 500 Meter vom Büro entfernt und gehen Sie die restliche Strecke zu Fuß. Eine kleine Sache? Nun, wenn Sie wie ein normaler Arbeitnehmer rund 240 Arbeitstage haben, kommen Sie im Jahr auf etwa 220 zusätzliche Kilometer an Bewegung. 220 Kilometer! Eine kleine Sache?

Lassen Sie uns bei diesem Beispiel bleiben. Nehmen wir an, Sie möchten Ihr Auto tatsächlich einmal zwölf Monate lang 500 Meter vom Büro weg parken. Bislang nur ein frommer Wunsch, lediglich ein Gedanke. Bislang haben Sie diesen Gedanken noch kein einziges Mal in die Tat umgesetzt. Und vielleicht beschleicht Sie ein leicht mulmiges Gefühl, wenn Sie sich die Sache näher überlegen: Was, wenn das Wetter schlecht ist? Was, wenn ich einen Termin habe und knapp dran bin? Was, wenn ich nicht so fit bin? Ich hab' mir schon so viel gute Sachen vorgenommen und sie letztendlich dann nicht durchgehalten ...

Silvestervorsatz oder sicheres Vorhaben?

Sicher kennen Sie diese Überlegungen von anderen Vorhaben. Vielleicht sollten wir eher sagen: von Silvestervorsätzen. Bei diesen Vorhaben wissen die meisten Menschen schon wenige Wochen nach Silvester, dass sie es nicht geschafft haben. Worin also besteht der entscheidende Unterschied zwischen einem Silvestervorsatz und einem Vorhaben, das ich definitiv umsetzen werde? Der entscheidende Unterschied ist das *commitment.*

> Commitment ist ein Begriff aus der Psychologie. Er bezeichnet, frei übersetzt, eine Selbstverpflichtung. Sie verpflichten sich also sich selbst gegenüber, etwas zu tun.

Einmal, zweimal, eine Woche lang, zehn Jahre – wie lange Sie sich selbst verpflichten, spielt dabei keine Rolle. Es geht um die 100 %ige (welch großes Wort – aber hier trifft es!) Verpflichtung sich selbst gegenüber, etwas zu tun. Daher die Bitte: Nehmen Sie sich eine einzige Sache vor und üben Sie dieses commitment, indem Sie Ihr Vorhaben tatsächlich umsetzen. Entscheiden Sie sich ganz bewusst dafür, diese eine Sache zu machen. Sind Sie sich nicht sicher, ob Sie es schaffen, verringern Sie den Zeitraum oder die Intensität. Betreiben Sie zum Beispiel das Auto-500-Meter-weg-parken-Experiment nur einen Monat lang oder eine Woche. Nehmen Sie sich nur für einen einzigen Tag vor, sich nicht aus der Ruhe bringen zu lassen und die gute Laune beizubehalten. Vielleicht nur einen einzigen Tag – aber dafür dann von morgens bis abends.

Beispiel

Auch dieses Buch ist so entstanden und schrieb sich nicht von selbst: Nachdem ich vom Haufe Verlag angefragt wurde, sagte ich zu und gab mir damit gleichzeitig das *commitment*, das Vorhaben in die Tat umzusetzen: so gut ich konnte, in der mir bestmöglichen Qualität, zuverlässig und pünktlich zu den Abgabeterminen. Da ich neben dem Bücherschreiben auch noch einer anderen Arbeit nachgehe, bedeutete das für mich: morgens eine Stunde früher aufstehen und am Buch schreiben; abends am Buch schreiben. Wochenende? Am Buch schreiben; Urlaub? Am

> Buch schreiben. Da gibt es einen verlockenden, neuen Kunden, da bitten die Kinder, mit ihnen zu spielen oder gar einen ganzen Tag zu verbringen – doch ich schreibe beharrlich am Buch. Warum? Einzig und alleine wegen meines *commitment*.

Vielleicht spüren Sie an diesem Beispiel die Macht eines Versprechens, das Sie sich selbst geben?

Das Selbstvertrauens-Konto

Sie werden merken: Im Lauf der Zeit wird es immer einfacher, sich etwas vorzunehmen und es auch durchzuhalten. Dieses Phänomen nennt sich Integritäts-Konto oder Selbstvertrauens-Konto. Es ist aus der Persönlichkeitspsychologie bekannt und erklärt schlüssig, warum es manchen Menschen leicht fällt, auch große Vorhaben konsequent umzusetzen, während es andere nicht einmal schaffen, zwei Tage keine Süßigkeiten zu naschen.

Es funktioniert wie ein Bankkonto

Fast jede(r) hat ein Konto bei der Bank. Da gibt es Einzahlungen und Abbuchungen. Der Saldo unten zeigt an, ob das Konto prall gefüllt ist oder ob man in den Miesen steht. Genau so ein Konto haben Sie auch, was Ihr Selbstvertrauen angeht. Deshalb heißt es auch „Selbstvertrauens-Konto". Und genau wie ein Bankkonto zeigt das Selbstvertrauens-Konto per Saldo an, ob es prall gefüllt ist, ob Sie also über ein gutes Selbstvertrauen verfügen, oder ob Sie in den Miesen sind, sich also kaum mehr etwas zutrauen. Und ebenso tätigen Sie hier Einzahlungen und Abbuchungen.

Füllen Sie Ihr Konto

Es gibt die unterschiedlichsten Möglichkeiten, das Konto zu füllen. Eine der wichtigsten ist, sich etwas zu versprechen und einzuhalten.

> Eine der wichtigsten Möglichkeiten, Ihr Selbstvertrauens-Konto zu füllen: Geben Sie sich selbst ein Versprechen und halten Sie es ein.

Das heißt, jedes Mal, wenn Sie sich etwas vornehmen, wird Ihr Selbstvertrauen hinterher wachsen oder schwinden – je nachdem, ob Sie Ihr Vorhaben geschafft haben oder eben nicht. Es fängt im Kleinen an. Etwa, ob Sie sich vornehmen, pünktlich zu einem Termin zu erscheinen. Kommen Sie dann tatsächlich pünktlich, ist das eine klitzekleine, kaum wahrnehmbare Einzahlung. Kommen Sie nicht pünktlich, wird das als Abhebung verbucht. Bei größeren Versprechen wird es noch deutlicher: Sie sagen einem Kunden die pünktliche Lieferung zu, obwohl Sie wissen, dass dies nur schwierig einzuhalten ist. Wenn es klappt, können Sie bei sich – und wahrscheinlich auch beim Kunden – eine dicke Einzahlung vermerken. Wenn nicht, dann geht es vielleicht schon in die Miesen.

Die Spätfolgen

Stellen Sie sich jetzt die Wirkung auf lange Zeit vor: Da ist einer, der seit vielen, vielen Jahren immer wieder auf sein Konto eingezahlt hat. Es ist klar, dass er auch an größeren Vorhaben dran bleiben wird. Umgekehrt werden Menschen, die lange Zeit ihr Konto geplündert haben, nicht von heute auf morgen ein großes Ding landen. Sie haben die Zuversicht und ihr Selbstvertrauen verloren und müssen erst einmal wieder klein anfangen, um die Miesen auszugleichen und für sich eine Grundlage zu bilden. Viele Menschen versuchen dann erst gar keinen Neuanfang mehr, weil sie denken, sie schaffen es ohnehin nicht. Besser ist es, das Konto beständig zu füllen und die Zinsen zu ernten.

Das ist das effektivste Fitness-Training für unseren Tatendrang.

Auf einen Blick:
Anderes Denken – höhere Selbstmotivation

- Nicht die äußeren Umstände sind es, die uns demotivieren, sondern unsere Gedankenwelt. So haben wir zum Beispiel gelernt, positiv zu denken und zu hoffen, dass alles schon so eintrifft, wie wir es erwarten. Wir bleiben passiv, statt aktiv ein Vorhaben anzugehen.
- Engagiertes Denken führt zu mehr Kraft, die Dinge selbst anzupacken und zu beeinflussen, und damit zu höherer Selbstmotivation.
- Am Anfang des Weges zu höherer Selbstmotivation steht eine bewusste Entscheidung, und zwar die Entscheidung, ein Vorhaben auf jeden Fall anzugehen.
- Im Lauf der Zeit wird es immer einfacher, sich etwas vorzunehmen und es auch durchzuhalten.

Justieren Sie Ihre Einstellungen

Wir nehmen nur das wahr, was der Filter in unserem Gehirn zulässt – und dieser Filter ist getrübt durch unsere Überzeugungen. Wenn Sie davon überzeugt sind, dass sich Leistung lohnt, fällt es Ihnen leichter Dinge anzugehen, als wenn Sie der Überzeugung sind, dass man mit möglichst wenig Aufwand durchs Leben kommen sollte.

In diesem Kapitel erfahren Sie,

- wie unsere Einstellungen und Überzeugungen zustande kommen,
- wie Sie hinderliche Einstellungen erkennen und in hilfreiche umwandeln,
- warum Sie sich große Ziele setzen sollten.

Hemmschuh Nr. 1: unsere Wahrnehmung

Im ersten Kapitel haben wir uns damit beschäftigt, wie Gedanken und Einstellungen uns ausbremsen können. Jetzt schauen wir uns an, warum und wie sie zustande kommen. Und, noch wichtiger: wie sie sich ändern lassen.

Dazu ein Beispiel, wie es wohl jede(r) so oder ähnlich aus dem eigenen Leben kennt.

Beispiel

Vor drei Jahrzehnten, im Alter von 19 Jahren, erwarb Heinz sein erstes Auto, einen gebrauchten Honda, eine Klapperkiste, bei der immer irgendetwas kaputt war. Nach zwei Jahren konnte er den Wagen endlich loswerden und sich ein besseres Auto kaufen. Damals entstand in Heinz das unbestimmte Gefühl, Honda baue Schrottautos. Im Lauf der nächsten Jahrzehnte passierte dann – unbewusst – bei ihm Folgendes: Immer wenn er am Straßenrand ein Pannenfahrzeug sah, scannte sein Unbewusstes die Marke. War es eine andere Marke als Honda, passierte nichts. War es aber ein Honda, signalisierte sein Geist sofort: „Da! Hast du das gesehen! Schon wieder ein Honda! Schnell – notier das!" Im Geiste wurde eine Strichliste geführt, die natürlich nach 30 Jahren vor Strichen nur so überquoll.

Heute, nach 30 Jahren, hat Heinz nicht mehr nur ein unbestimmtes Gefühl. Heute meint er zu wissen, dass Honda Schrottautos baut. Niemand kann ihm erzählen, dass Honda die zuverlässigsten Autos baut – und selbst eine verlässliche Statistik könnte ihn nicht umstimmen.

Wie Einstellungen zustande kommen

Hirnforscher postulieren klipp und klar: „Wir sehen nicht mit dem Auge – wir sehen mit dem Gehirn!" Was überraschend klingt, ist biologisch einleuchtend: Visuelle Eindrücke, also Bilder, entstehen nicht im Auge, sondern im Gehirn.

Weniger formell ausgedrückt: Unser Gehirn steuert also unsere Wahrnehmung. Wir machen wie Heinz oben eine Erfahrung, haben also ein Einzelbeispiel, das im Lauf der Jahre so verallgemeinert wird, dass es selbst gegen Fakten immun ist. So entstehen Einstellungen und Überzeugungen. Jeder nimmt die Welt anders wahr.

Damit wird klar, dass beispielsweise ein Stadtmensch den Wald mit vollkommen anderen Augen sieht als ein Förster. Das ist einleuchtend. Im Alltag ignorieren wir diese Sichtweise jedoch meist und verstehen nicht, warum der Chef etwas komplett anders sieht als der Mitarbeiter, der Unternehmer anders als der Betriebsrat, oder dass der Kollege aus der Revision eine völlig andere Betrachtungsweise hat als der Außendienstler, der „Umsatz machen" will.

Beispiel

Gehen Sie mal zu einem Frisör und fragen Sie ihn, ob Sie einen neuen Haarschnitt brauchen. Selbst wenn Sie vorgestern erst die Haare geschnitten bekommen haben, wird er Ihnen antworten: „Unbedingt!" Und das nicht vorrangig, um Geld zu verdienen, sondern weil er die Welt wirklich so sieht. Jede(r) braucht aus der Sicht eines Frisörs einen neuen Haarschnitt.

Wie heißt es so schön: „Wenn du als Werkzeug nur einen Hammer hast, sieht jedes Problem plötzlich wie ein Nagel aus."

Wir sehen mit dem Gehirn

Lassen Sie uns das alles einmal genauer aus wissenschaftlicher Sicht betrachten. Wir nehmen die Umwelt wahr mit unseren Sinnen. Wir sehen, hören, riechen, schmecken und fühlen. Der Einfachheit halber nehmen wir hier nur das Sehen unter die Lupe – bei allen anderen Sinnen funktioniert dies ähnlich.

Als ersten Schritt haben wir den physikalischen Sehvorgang. Er dient zur Aufnahme visueller Reize über das Auge. Bilder können jedoch erst dann in unserem Kopf entstehen, nachdem die Reize vom Gehirn interpretiert wurden. Ohne diese Interpretation wären wir blind. Die Reize von außen verarbeiten und interpretieren wir also.

Nun ist Ihr Gehirn im übertragenen Sinn keine blank geputzte Fensterscheibe, die alles so durchlässt, wie es draußen tatsächlich ausschaut. Ganz im Gegenteil. Hirnforscher sagen, dass Menschen einen Filter im Gehirn haben, der bestimmte Dinge durchlässt und andere nicht. Dies erklärt, warum der eine völlig andere Dinge wahrnimmt als der andere.

Der Filter im Gehirn funktioniert dabei tatsächlich genau wie ein normaler Filter im Alltag: Er filtert Sachen aus, die nicht durchkommen sollen. Und er lässt die Dinge durch, die durchkommen sollen. Das geschieht unbewusst und rasend schnell.

Wie wir die Eindrücke von draußen interpretieren, bestimmt also unser Filter. Ich nenne ihn den magischen Filter, weil er Situationen in einem wunderbaren Licht erscheinen lassen kann. Er kann die identische Situation aber auch ganz schön mies aussehen lassen.

> Das eigentliche Sehen beginnt erst mit der Interpretation der elektrischen Impulse des Sehnervs im Sehzentrum des Gehirns. Dort werden die Reize ausgewertet. Die visuelle Wahrnehmung wird somit nicht nur durch das auf der Netzhaut Abgebildete bestimmt, vielmehr ist die Wahrnehmung das Ergebnis der Interpretation der jeweils verfügbaren Daten.

Wenn uns unsere Wahrnehmung trügt

Nicht gerade hilfreich für unsere Wahrnehmung ist auch der so genannte blinde Fleck. Rein biologisch ist das ein Bereich beim Sehen, genauer auf unserer Netzhaut, in dem wir nichts erkennen können. Er ist etwa münzgroß und in beiden Augen vorhanden. Diesen blinden Fleck nehmen wir aber nicht wahr, weil das Gehirn die fehlenden Bildpunkte ergänzt und sie quasi ohne unsere Erlaubnis hinein interpretiert. Meist stimmt das Ergebnis ja, manchmal aber auch nicht.

Recht bedeutend in der Hirnforschung ist auch der so genannte *War of Memories*, also der „Krieg um die Erinnerungen". Denen trauen wir ja, weil wir sie bildlich vor Augen haben. Leider stimmen die Bilder nicht immer. Wird ein Bankräuber beschrieben als „klein, untersetzt und mit einer blauen Wollmütze auf dem Kopf", kann es durchaus auch ein mittelgroßer, normalgewichtiger Mann mit einer grünen Mütze oder gar ohne Mütze gewesen sein. Erinnerungen, Bilder können nachträglich im Gehirn verändert werden. Da fragt man sich: Wie sehr können wir uns noch selbst trauen?

Betrachten Sie dazu bitte die Grafik. Schauen Sie konzentriert darauf, bleiben Sie gleichzeitig entspannt. Fixieren Sie die vier senkrecht stehenden kleinsten Punkte. Vertiefen Sie sich rund 30 Sekunden in diese Zeichnung. Danach schauen Sie ebenfalls ganz entspannt auf eine weiße Fläche. Lassen Sie sich etwas Zeit und warten Sie, was Sie sehen.

Was sehen Sie?

Über 80 Prozent der Menschen, die sich auf dieses Experiment einlassen, sehen, wie zuerst verschwommen und dann immer klarer werdend Jesus auf der weißen Fläche erscheint. Beziehungsweise erscheint vor unserem geistigen Auge ein Mann mit langen Haaren, Bart und einem freundlichen Lächeln – eben so, wie viele ein Bild von Jesus abgespeichert haben. Faszinierend!

Fragen Sie jetzt bitte nicht nach dem wissenschaftlichen Hintergrund. Ich kenne ihn nicht. Er ist an dieser Stelle auch nicht von Bedeutung. Denn es geht hier nicht um optische Täuschungen oder die Frage, wie die denn zustande kommen. Es geht einzig und allein darum, dass wir eben nicht (nur) das sehen, was in unserer Umwelt tatsächlich ist.

Hemmschuh Nr. 2: unsere Überzeugungen

Falls Sie jetzt erstaunt sind, was so alles in Ihrem Kopf vorgeht, ohne dass Sie davon gewusst haben: Das Folgende wird Sie noch mehr in Erstaunen versetzen.

Wie aus einer Einstellung eine handfeste Überzeugung wird

Nehmen wir noch einmal Heinz aus dem Beispiel mit dem Honda. Er hat in seinem Filter die Idee abgespeichert, dass Honda Schrottautos baut. Daraufhin neigt er dazu, in seiner

Umwelt nur das wahr zu nehmen, was seiner Einstellung entspricht. So weit, so gut.

Jetzt trifft diese Information von außen in seinem Gehirn ein – und was passiert? Was, glauben Sie, denkt der gute Heinz, wenn er wieder ein Pannenfahrzeug entdeckt und das eben ein Honda ist? Was sagt er sich? Genau: „Hab' ich's doch gewusst!"

Das ist genauso wie bei der Führungskraft, der aus einer anderen Abteilung ein „Problembär" zugeschoben wird, also ein Mitarbeiter, der bislang mehr durch Beschwerden beim Betriebsrat denn durch qualitativ hochwertige Arbeiten aufgefallen ist. Der neue Chef speichert fast automatisch durch die Vorinformation in seinem Filter die Idee ab, dass da ein schwieriger Mitarbeiter kommt. Daraufhin neigt er dazu, nur das wahrzunehmen, was dieser Einstellung entspricht. So weit, so gut. Fällt jetzt dieser Mitarbeiter tatsächlich einmal unangenehm auf, denkt die Führungskraft: „Hab' ich's doch gewusst!"

Wir glauben, was wir sehen ...

Der Chef bestätigt also durch das, was er draußen wahrzunehmen glaubt, das, was er in seinem Inneren ohnehin schon „weiß". Dadurch wird das, von dem er überzeugt ist, „noch wahrer", „noch richtiger". Seine Einstellung verfestigt sich. Das Ganze ist ein sich selbst verstärkender Regelkreis. Je mehr wir von etwas überzeugt sind, umso weniger durchlässig ist unser Filter.

Unsere Wahrnehmung ist also leider allzu oft eine „Falsch"nehmung.

Nun fragt sich, was das mit unserer Arbeit und unserer Selbstmotivation zu tun hat. Mit einem Wort: alles!

Die Einstellung, die Sie zu Ihrer Arbeit und zu Ihrem Tun haben – die bekommen Sie tagtäglich bestätigt. Sind Sie der Meinung, es lohne sich, tagtäglich Ihr Bestes zu geben und leidenschaftlich Ihre Arbeit zu verrichten – dann erhalten Sie dafür die Bestätigung. Dann finden Sie dafür jeden Tag Beweise. Umgekehrt bekommen Sie diese Bestätigung auch, wenn Sie davon überzeugt sind, dass Sie „von denen da oben" nach Strich und Faden ausgebeutet werden.

... und wir sehen, was wir glauben

Das, was nicht zu Ihrer Überzeugung passt, wird von Ihrem Filter sorgfältig aussortiert.

Das Filtersystem funktioniert völlig autonom, also ohne unser bewusstes Zutun. Das bedeutet: Von morgens bis abends entscheidet dieses Filtersystem, was Sie wie bewerten und folglich auch, wie gut oder schlecht Sie sich fühlen.

Allzu häufig sind wir von etwas überzeugt und stellen später fest, dass das so gar nicht gestimmt hat.

Beispiel

Ein Abteilungsleiter konnte Gummibärchen nicht ausstehen. Als ihm sein Assistent einmal vorschlug, bei einer Messe statt der üblichen Äpfel, die es an jedem zweiten Stand für die Besucher gab, Gummibärchen in der Form des Unternehmenslogos anzubieten, antwortete er: „Gummibärchen? Kein erwachsener

Mensch mag das Gummizeug!" Selbst fünf Mann um ihn herum, die ihm verzweifelt nahezubringen versuchten, dass sie selbst die Dinger gern naschten und dass das den meisten Menschen so ginge – selbst sie konnten den Abteilungsleiter nicht einen Millimeter von seiner Sichtweise abbringen. Sie hatten keine Chance.

Was unserer Meinung widerspricht, nehmen wir oft nicht wahr oder tun es leichtfertig ab. Und für alles, wovon wir überzeugt sind, suchen wir Bestätigungen. Wir behalten also fast durchweg unsere bisherige Meinung. Das ist ein unbewusster Vorgang – und wenn Sie sich dessen nicht bewusst sind, können Sie sich kaum dagegen wehren. So funktioniert, vereinfacht ausgedrückt, der magische Filter. Und dieser magische Filter bestimmt fast völlig ohne Ihr Zutun, wie gut Sie sich fühlen.

Beispiel

Johanna Kaufmann, Führungskraft, war davon überzeugt, dass Mitarbeiter von Natur aus nur das Nötigste tun und dass ihre Arbeit ständig kontrolliert werden müsse. Ansonsten würden sie nur maximal 50 Prozent von dem leisten, was sie leisten könnten. Im Coaching legte ich Frau Kaufmann empirisch fundierte Studien vor, die eindeutig zu dem Schluss kommen, dass Mitarbeiter dann ihre besten Leistungen bringen können, wenn sie Freiräume haben und Wertschätzung für ihr Tun genießen.

Nachdem wir diese Studien eingehend analysiert hatten, meinte Frau Kaufmann: „Herr Stritzelberger, Sie können mir hier viel erzählen und mir noch zig solcher Geschichten vorlegen – ich weiß, was ich weiß. Und ich lasse mir kein X für ein U vormachen."

Sollte jemand ungläubig den Kopf schütteln und sich fragen, wie man so verbohrt sein kann, dann seien Sie gewiss: Es geht uns ebenso! Wir merken es nur nicht. Es fällt uns meist nur bei den anderen auf. Fragen Sie sich: „Wann habe ich das letzte Mal eine meiner Überzeugungen geändert?"

> Mark Twain hat nichts über moderne Hirnforschung und den magischen Filter gewusst. Dennoch hat er das alles mit der folgenden Aussage großartig auf den Punkt gebracht: „Was dich in Schwierigkeiten bringt, ist nicht das, was du nicht weißt. Es sind vielmehr die Dinge, die du sicher weißt – die aber doch nicht so sind."

Diese Einstellung, die die Durchlässigkeit unseres Filters bestimmt, können Sie sich vorstellen wie die Einstellung an einer Kamera. Ein bestimmtes Motiv wird scharf gestellt – alles andere darum herum ist unscharf, gerät aus dem Fokus.

Es funktioniert wie eine Kamera

Das Scharfgestellte entspricht meiner Einstellung. Bei der Kamera kann ich die Einstellung ändern, so dass stets das, was ich aufnehmen möchte, scharf gestellt ist. Das geht bei unserem eigenen Filter ebenfalls.

Bevor wir gleich dazu kommen, wie wir unsere eigenen Einstellungen so justieren, dass sie uns unterstützen in dem was wir wollen, schauen wir uns an, welche Kategorien denn in diesem Filter stecken. Das ist sehr bedeutsam – sie beeinflussen massiv unsere Sichtweise.

1. Bestandteil des Filters sind zum einen unsere Lebensumstände. Das ist alles, was uns Menschen in unserem Leben voneinander unterscheidet: Alter, Geschlecht, Kultur usw. Ein 86-jähriger Mann sieht manche Dinge anders als sein 16-jähriger Enkel. Eine Frau sieht manche Dinge

anders als ein Mann, und ein Japaner sieht manche Dinge anders als ein Italiener. Selbst wenn Alter, Geschlecht, Kultur und alles andere identisch sind: Eine 45-jährige deutsche Vorstandsvorsitzende betrachtet die Welt sicher mit anderen Augen als eine 45-jährige deutsche Kindergärtnerin. Es gibt hier unzählige Differenzierungen.

2 Zum anderen beherbergt der Filter all unsere unterschiedlichen Erfahrungen, angefangen von der Erziehung über Erlebnisse aus der Kindheit oder mit einem Honda, bis hin zum Kartoffelsalat, der meist am besten so schmeckt, wie ihn die Mutter früher gemacht hat.

3 Als dritte Kategorie sind Emotionen im Filter. Auch das erklärt sich fast von selbst: Wer verliebt ist und vor Freude schier platzt, sieht die Welt rosaroter als eine(r), dem bzw. der gerade der Chef überraschend die Kündigung überreicht hat.

Zusammengefasst: Unser Filter sortiert aus, abhängig von Lebensumständen, Erfahrungen und Emotionen. Das ist der Grund, warum alle Menschen die Welt so unterschiedlich wahrnehmen.

Finden Sie heraus, was alles im Filter steckt

Natürlich sind noch viele weitere Teilaspekte im Filter, die für unsere Überlegungen aber nicht von Belang sind. Wichtig ist zuerst einmal, ein Gespür dafür zu bekommen, was denn so alles in diesem Filter steckt. Da es eine ganze Menge zu sein scheint, befällt Sie jetzt möglicherweise so ein schummriges

Gefühl, dass es gar nicht so einfach ist, seinen Filter neu zu justieren? Schließlich stecken ja langjährig antrainierte Überzeugungen und Vorstellungen darin, jahrzehntelang gepflegte Vorurteile und scheinbares Wissen, das man noch nie überprüft, aber tausendfach wiedergegeben hat.

Wahrnehmungen und Überzeugungen steuern

Hat man das Vorherige gelesen, taucht fast unweigerlich die beunruhigende Frage auf: „Wie soll ich ändern, was ich mir jahrzehntelang angewöhnt habe? Geht das denn überhaupt?"

Keine Sorge – die beruhigende Antwort lautet: „Ja, das geht." Und es geht sogar wesentlich leichter als man denkt. Es gibt sozusagen einen Trick, wie wir unser Gehirn überlisten können. Dazu ein simpel anmutendes und doch vielsagendes Beispiel aus meinen Seminaren.

Beispiel

Als kleine Unterbrechung fordere ich die Teilnehmer manchmal auf: „Schauen Sie sich einmal um, wo Sie gerade sind. Lassen Sie bewusst Ihre Blicke schweifen und achten Sie darauf, was alles die Farbe Grün hat, in welcher Schattierung oder Tönung auch immer. Dann schließen Sie bitte die Augen."

Danach frage ich sie: „Was hat alles die Farbe Blau?"

Meist ist keiner der Teilnehmer in der Lage auch nur ein einziges blaues Teil zu nennen. Warum? Natürlich: weil der Fokus auf Grün gelegen hatte.

Filterwechsel durch Zielvorgabe

Was habe ich den Teilnehmern in dem Beispiel vorgegeben? Für die Antwort gibt es jetzt viele Ausdrucksmöglichkeiten: einen Fokus, eine Vorgabe, eine Priorität – ein Ziel! Und diese bewusste Vorgabe ist auch das Geheimnis, mit dem wir unseren Filter sozusagen auf Knopfdruck beeinflussen können – indem wir ihm ein klares Ziel vorgeben.

Angenommen, Sie haben eine ziemlich stupide Tätigkeit, die Sie täglich zwei Stunden verrichten müssen. Vielleicht haben Sie noch nie darüber nachgedacht – tun Sie es bitte jetzt: Nehmen Sie sich als Ziel, eine Woche lang diese Tätigkeit so zu verrichten, dass Sie dabei etwas Neues lernen. Oder dabei entspannen. Oder die Arbeit in perfekten Bewegungen verrichten. Oder fragen Sie sich: „Was kann ich tun, um mir die Tätigkeit angenehmer zu gestalten?"

Beispiel

Tagtäglich stand Ignatz Held zwei Stunden am Aktenvernichter. Eigentlich war das nicht seine Aufgabe. Eigentlich war er für höhere Aufgaben angestellt worden. Tatsache aber war: In dem kleinen 5-Mann-und-Frau-Unternehmen musste jeder fast alles machen. Also war er für die tägliche Aktenbeseitigung zuständig.

Nachdem Herr Held vom magischen Filter und der Zielsetzung gehört hatte, probierte er es gleich aus und setzte sich mit einer Fragestellung das Ziel: „Was kann ich tun, um mir diese Tätigkeit angenehmer zu gestalten?" Daraufhin passierte in seinen Worten Folgendes:

"Nachdem ich mir zum ersten Mal diese Frage gestellt hatte, kamen mir etliche Dinge in den Sinn: Ich begann, das Geräusch des Aktenvernichters zu analysieren; ich machte das Ausleeren der rund fünf Füllungen in sieben prallvolle 35-Liter-Müllsäcke

> zu fröhlichen Turnübungen mit aktiven Kniebeugen; es fing an mich zu faszinieren, wie der Stapel immer kleiner wurde, bis ich zu guter Letzt – und das hatte ich noch gar nie getan – sogar noch den Aktenvernichter reinigte, abwusch, den Boden darum herum staubsaugte – alles Dinge, für die eigentlich die Putzfrau hier im Büro zuständig ist. Dies wiederum führte zu einem extrem stolzen und befriedigenden Gefühl, und der Arbeitstag bekam eine völlig neue Qualität.

Solch ein Filterwechsel durch Zielvorgabe funktioniert nur unter einer einzigen Voraussetzung: Sie müssen es wollen! Formulieren Sie das Ziel also nicht so halbherzig wie „Mal schauen, ob das klappt – jetzt nehme ich mir mal vor, dass ich versuche, mir die Tätigkeit ein bisschen angenehmer zu gestalten." Das geht schief. Sind Sie sich nicht sicher, ob Sie eine bestimmte Sache länger durchhalten können, wählen Sie einen kürzeren Zeitrahmen. Vielleicht auch nur einen Tag. Einen einzigen Tag können Sie sich sicher darauf einlassen, Ihren Filter versuchsweise neu auszurichten.

> Ob Sie etwas schaffen, das Sie sich vorgenommen haben, hängt manchmal lediglich vom gewählten Zeitrahmen ab. Ab sofort zweimal die Woche joggen zu gehen, fühlt sich sofort anders an, wenn Sie sich das erst einmal für die nächsten vier Wochen vornehmen und nicht gleich für die nächsten vier Jahre oder gar lebenslang. Wählen Sie den Zeitrahmen so, dass Sie sich sicher sind, Ihre Vorgaben zu schaffen.

Wie sich die Dinge fügen

Wenn Sie sich also vorbehaltlos auf einen Filterwechsel durch Zielvorgabe einlassen, kann ich Ihnen versprechen: Sie werden fasziniert sein, wie scheinbar mühelos das funktioniert.

Warum dem so ist? Dazu lässt sich wieder der Kameravergleich heranziehen. Bei einer Kamera gibt es den Autofokus. Der stellt automatisch immer das ein, was wahrscheinlich scharf gestellt werden soll. Irrtümer vorbehalten. Auch wir neigen dazu, bei unserer Einstellung auf Autofokus zu stellen. Sonst müsste man ja die ganze Zeit hinterfragen, ob die eigene Einstellung denn so passend ist. Wenn wir uns nun ein Ziel setzen, das wir wirklich erreichen möchten, dann stellen wir damit unseren Filter auf Autofokus.

Ihr Filter arbeitet dann autonom! Plötzlich fallen Ihnen viele Sachen auf, die Sie vorher gar nicht beachtet haben – plötzlich sehen Sie auch Blau und nicht nur Grün. Plötzlich richten Sie Ihr Augenmerk, Ihren Autofokus auf Ereignisse, die haargenau zu Ihrer Zielsetzung passen. Wenn der Filter ausgerichtet ist und es richtig gut läuft, gibt es einen Satz aus dem Englischen, der dies wunderschön umschreibt: „Things fall into composition", was sich in etwa übersetzen lässt mit „Die Dinge fügen sich."

> Wie dieses Filtersystem wirkt, hat jeder schon am eigenen Leib erfahren: Wer sich ein bestimmtes Auto in einer bestimmten Farbe kaufen möchte, sieht plötzlich überall diesen Autotyp. Wer einen starken Kinderwunsch verspürt, sieht überall schwangere Frauen. Und wer Hunger hat, erkennt blitzschnell alle Gelegenheiten, etwas zu sich zu nehmen.

Die positiven und die negativen Aspekte

Wie so vieles im Leben hat auch der Filter negative wie positive Seiten. Wenn wir die Sache einmal andersherum betrachten, fällt schnell auf, dass wir dieses System dringend brauchen: Was wäre denn, wenn wir kein solches Sortiersystem hätten? Dann müssten wir ständig überlegen, ob das, was wir im Kopf haben, auch so stimmt. Da sagt jemand etwas und wir würden vielleicht erwidern: „Ja, das kann so sein." Ein weiteres Argument des Gesprächspartners würden wir genauso betrachten und werten. Wir hätten keine eigene Meinung, keinen Standpunkt mehr. Zumindest bräuchten wir viel Zeit, um etwas stets neu abzuwägen.

Ohne geht es also nicht. Der Filter hat damit auch seine positiven Eigenschaften. Die drohen sich allerdings ins Gegenteil zu verkehren, wenn oben ungünstige Sortierkommandos drin stecken. Bei anderen Menschen sind diese für uns meist offensichtlich. Da sagen wir beispielsweise „Mit dieser Einstellung kommt der nicht weit."

Wir gehen in Argumentationen und vor allem in hitzigen Streitgesprächen oft sogar so weit, dass wir zum anderen sagen: „Sieh das doch einmal vernünftig!" Das bedeutet im Klartext nichts anderes als: „Du siehst die Sache völlig falsch. Du hast da was im Filter. Ich selbst sehe die Sache dagegen so, wie sie wirklich ist."

Bei anderen fällt uns das auf. An der eigenen Person erkennen wir es in den wenigsten Fällen.

Übung: Ihr eigener Filter

Mit dieser Übung lernen Sie Ihren eigenen Filter näher kennen.

1. Notieren Sie Situationen, in denen Ihr Filter von anderen Personen bewusst oder unbewusst (positiv oder negativ) gesteuert wurde. Sie können solche Situationen z. B. daran erkennen, dass Sie aufgrund der Argumentation eines Gesprächspartners Ihre Meinung grundlegend geändert haben.
2. Notieren Sie Situationen, in denen Sie Ihren eigenen Filter bewusst oder unbewusst gesteuert haben. Denken Sie beispielsweise an eine Person, über die Sie eine bestimmte Meinung hatten – und die Sie dann geändert haben. Wie kam dieser Filterwechsel zustande? Was hat Ihnen dabei besonders geholfen?

Die meisten Menschen tun sich schwer mit dem ersten Teil der Übung. Oft fällt dem Einzelnen hierzu keine Situation ein. Das kann einen dann schon nachdenklich stimmen. Soll es auch! Die Erkenntnis, die dahinter steckt: Was brauchen wir, um nicht immer unsere gleichen Überzeugungen beibehalten zu müssen, sondern aufgeschlossen sein zu können für Neues, für Veränderungen? Um auch mal bereit zu sein für komplett andere Meinungen?

Der zweite Teil der Übung ist für die meisten Menschen leichter. Hier steckt die Botschaft dahinter: Siehst du – es geht doch!

Schalten Sie auf Autopilot

Hier ist noch ein wissenschaftlicher Hintergrund zum Filtersystem, der den Unterschied deutlich macht zwischen bewusster und unbewusster Wahrnehmung: Nur bewusst können Sie beispielsweise diese Zeilen lesen. Unbewusst können Sie Auto fahren, dabei ein Brötchen essen, telefonieren, währenddessen noch über Ihren kranken Mitarbeiter nachdenken und trotzdem keinen Unfall bauen. Das liegt daran, dass wir unbewusst tausendfach – die genaue Anzahl schwankt, aber in der Sache sind sich die Neurobiologen einig – mehr Informationen verarbeiten können als bewusst. Fragt sich, welche Informationseinheiten aussortiert werden und wer dafür zuständig ist?

> Ihr Filter übernimmt die Sortieraufgaben tadellos, aber meist eben unbewusst. Nur dann, wenn Sie Ihren Filter bewusst mit einer konkreten Vorgabe, einem Ziel, versehen, arbeitet das System künftig in Ihrem Sinne.

Ihre Energie folgt Ihrer Aufmerksamkeit

Unsere Energie folgt unserer Aufmerksamkeit, unseren Zielen. Übrigens ist das nicht so ein „neumodischer Quatsch". Dieses Prinzip ist uralt und kommt wunderbar zum Ausdruck in einem Huna-Prinzip der hawaiianischen Eingeborenen, das diese so formulierten: „Energy flows where attention goes." Man kann sich nicht gleichzeitig auf alles konzentrieren. Auch das ist ein Grund, warum unser Filter scheinbar Unwichtiges aussortieren muss. Wenn ich mich bewusst oder unbewusst auf etwas fokussiere, lenke ich darauf automatisch meine Energie.

> Das Prinzip „Energy flows where attention goes" hat sogar Einzug in die Psychotherapie gefunden. So hat Steve de Shazer, Gründer der Lösungsorientierten Kurzzeittherapie, festgestellt: „Reden über das Problem macht das Problem größer. Reden über die Lösung macht die Lösung wahrscheinlicher."

Auch das ist eine Eigenschaft jener Menschen, die stets angehen, was ihnen wichtig ist. Sie sind nicht etwa hyperaktiv oder sitzen Tag und Nacht an ihren Themen – sie haben lediglich ihren Filter auf das justiert, was ihnen wichtig ist und lassen das Ganze auf Autopilot laufen.

Je größer die Ziele, desto höher die Selbstmotivation

Menschen, die ihre Energie ganz auf eine wichtige Sache konzentrieren, profitieren zusätzlich von einer zweiten Eigenschaft. Die verrate ich Ihnen gleich: Setzen Sie Ihr Ziel so hoch, dass Sie sich anstrengen müssen, es zu erreichen!

Warum? Ganz einfach: Der Filter verwaltet auch den Zugang zu Ihren Ressourcen, Ihren Energiereserven. Wenn die Botschaft übermittelt wird: „Kein Problem – das schaff ich mit 70 Prozent Anstrengung!", bekommen Sie auch nur 70 Prozent Ihrer Energie. Wenn Sie aber alles, also Ihr Bestes, geben wollen – dann öffnet Ihr Filter den Zugang zu den letzten Körnchen Ihrer Energie. Denken Sie an den Placebo-Effekt: Sie entwickeln so viel Power wie Sie überzeugt sind zu brauchen, um Ihr Vorhaben zu erreichen.

Trauen Sie sich etwas zu

In den nächsten Kapiteln wird das deutlicher, aber schon hier: Trauen Sie sich etwas zu! Je größer Ihr Ziel ist, desto größer die Selbstmotivation. Selbstverständlich muss das Ziel tatsächlich erreichbar sein – sonst schlägt das Ganze ins Gegenteil um. Allgemein aber setzen sich die Menschen ihre Ziele eher zu klein als zu groß. Seien Sie mutig, zumindest ein bisschen.

Beispiel

Stellen Sie sich vor, Sie haben das Ziel, morgen eine Bewerbung fertig zu machen für Ihren Traumjob. Der ist zum zweiten Mal ausgeschrieben; Sie hatten sich bislang nicht getraut, sich darauf zu bewerben. Vielleicht haben Sie jetzt einen Wink bekommen, dass Ihre Chancen nicht schlecht stehen – jedenfalls haben Sie sich JETZT vorgenommen es anzugehen. Sie sind voller Tatendrang. Morgen Abend werden Sie die Unterlagen zusammenstellen und ausdrucken.

Was meinen Sie, was Sie dann morgen Abend machen? Sitzen Sie, wie so oft, um 20.15 Uhr vor dem Fernseher? Oder erstellen Sie mit Hochdruck Ihre Unterlagen? Klare Sache – Sie sitzen so lange daran, bis die Bewerbung perfekt ist, auch wenn es bis 2 Uhr nachts dauert! Und es ist völlig egal, was für tolle Sendungen im Fernsehen kommen. Sie haben Energie ohne Ende. Korrekter formuliert: Sie haben Energie bis zum Ende – also bis Ihre Unterlagen fertiggestellt sind.

Vergleichen lässt sich dieser Sachverhalt mit dem Marathonläufer, der genau hinter der Ziellinie erschöpft zusammenbricht. Wäre das Ziel aufgrund eines Messfehlers erst einen Kilometer später gekommen, hätte er es auch bis dorthin geschafft.

Ihr Ziel verhilft Ihnen also zu mehr Energie und befördert Sie gleichzeitig aus Ihrer Bequemlichkeitszone. Welche Schwierigkeiten Sie dabei erwarten und wie Sie diese bewältigen, erfahren Sie im nächsten Kapitel.

Auf einen Blick: Justieren Sie Ihre Einstellungen

- Ein und dieselbe Situation wird von jedem anders wahrgenommen.
- Der Grund: Wir nehmen nur das wahr, was der Filter in unserem Gehirn zulässt – und dieser Filter ist getrübt durch unsere Überzeugungen, die wir im Laufe unseres Lebens durch Erfahrungen gewonnen haben.
- Auch unsere Selbstmotivation ist abhängig von diesem Filter.
- Glücklicherweise lässt sich der Filter in unserem Kopf steuern, und zwar durch ein klares Ziel, das wir uns setzen. Wir können so unsere Einstellungen und Überzeugungen beeinflussen – auch in puncto Selbstmotivation.
- Je größer die Ziele sind, die wir verfolgen, desto höher ist auch unsere Selbstmotivation.

Trainieren Sie Ihre Risikobereitschaft

Menschen neigen zur Bequemlichkeit. Außerhalb ziehen Chancen und außergewöhnliche Erfolge vorüber, während wir es uns drinnen gemütlich gemacht haben. Dabei wissen wir so genau, was richtig und wichtig für uns wäre – wir tun es nur nicht.

In diesem Kapitel erfahren Sie,

- warum wir Menschen es so gern bequem haben,
- warum wir in unserer Zufriedenheit unzufrieden werden,
- wie wir unseren inneren Schweinehund überwinden,
- wie wir es schaffen, auch Unangenehmes anzupacken,
- wie wir mit fünf Kugeln für mehr Selbstmotivation sorgen können.

Warum wir es uns gern bequem machen

Ralph Waldo Emerson, ein amerikanischer Berufs- und Zeitgenosse Nietzsches aus dem 19. Jahrhundert, wusste: „Die Menschen streben nach Bequemlichkeit. Doch Hoffnung gibt es nur für diejenigen, die unbequem leben." Wenden wir uns zunächst dem Streben nach Bequemlichkeit zu.

Beispiel

Eine Zeit lang gab ich in einem Konzern Workshops für Arbeitnehmer, die in den nächsten Monaten altersbedingt aus dem Unternehmen ausscheiden würden. Auf meine Frage, was sie danach so alles vorhätten, antworteten viele in etwa so: „Wissen Sie, Herr Stritzelberger, ich habe jetzt über drei Jahrzehnte malocht. Wenn ich hier fertig bin, mache ich nicht nur nichts mehr – dann mache ich *gar* nichts mehr!"

Denken Sie einmal darüber nach: Wie wird es vermutlich einem Rentner ergehen, wenn er die nächsten Jahre tatsächlich „gar nichts mehr" macht? Wenn er sich jahrelang gehen lässt, sich keinen Anforderungen mehr stellt, sich nicht mehr anstrengen will?

Leben in der Komfortzone

Dazu passt trefflich das Modell der Wohlfühl-Oase. Manchmal nenne ich dieses Denkmodell auch „Meine kleine, heile Welt" oder „Bequemlichkeits-Zone" – die Fachliteratur spricht oft von der „Komfortzone".

Der Begriff polarisiert, ist aber in der Literatur nicht einheitlich beschrieben. Oft lassen Manager den Ruf ertönen, die Mitarbeiter sollten „raus aus ihrer Komfortzone". Umgekehrt wehren sich viele Menschen dagegen, weil sich der Weg aus dieser Zone nach ziemlicher Anstrengung anhört. Was also ist mit „Komfortzone" gemeint?

Beine hoch, TV an, Verstand aus

Meine Lieblingsvorstellung dazu: Freitagabend, 20.15 Uhr, vor dem Fernseher. Es läuft „Wer wird Millionär?". Auf dem Beistelltisch stehen Chips und Flips, Cola, Wein und Bier. Ich sitze in bequemer Halbhöhenlage, also tief in den Sessel gekuschelt, die Füße auf dem Hocker ausgestreckt. Das perfekte Sinnbild einer Komfortzone. Hier ist es bequem. Hier ist es ruhig. Angenehm. Hier drin stecken Bekanntes, Rituale, Sicherheit, Routine, Alltag. Da fühle ich mich wohl, entspannt, ausgeglichen. Und ich habe sogar ein klein wenig Erfolg. Beispielsweise, wenn ich die 32.000-Euro-Frage lösen kann – in dieser Größenordnung spielt sich mein Erfolg ab.

So weit, so gut – fragt sich, was daran schlecht sein soll. Bislang noch nichts. Aber aufgepasst – was befindet sich außerhalb dieser Zone? Ja, genau: das Gegenteil. Wir finden da draußen Begriffe wie: unbequem, unruhig, unangenehm, Stress, Unbekanntes, Neues, Veränderung, Risiko, Probleme, Unsicherheit, Angst.

Nun denken wir uns diese Begriffe allesamt in einem gezeichneten Kreis, schon haben wir das Modell der Komfortzone aufgezeichnet:

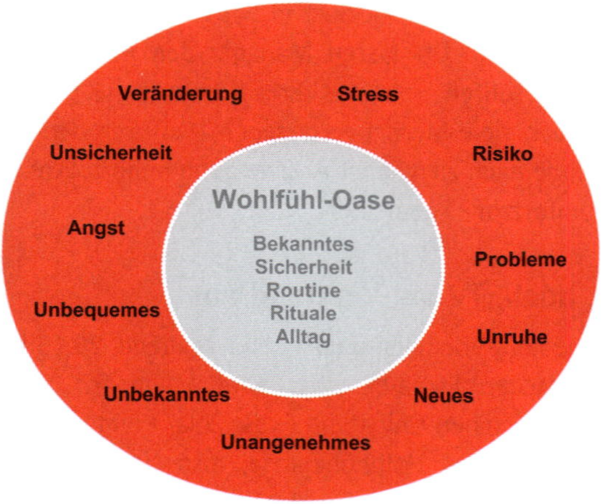

Modell der Komfortzone

Was haben Sie in Ihrem Leben schon geleistet?

Bevor wir den Gedankengang zu Ende führen, eine kleine gedankliche Zwischenübung: Nehmen Sie sich bitte einmal eine Minute Zeit und lassen Sie Ihr Leben im Schnelldurchgang Revue passieren. Bitte rufen Sie sich alle Ereignisse ins Gedächtnis, auf die Sie stolz sind. Also all das, was Sie geschafft haben. Vielleicht haben Sie eine Krise gemeistert, einem Freund in Not geholfen, etwas vollbracht, woran keiner geglaubt hat, oder Sie sind in einer Sache viel weiter gekommen als gedacht.

- Was habe ich alles schon in meinem Leben geleistet?
- Welche Krisen habe ich bewältigt?
- Worauf bin ich stolz?

Fertig? Wenn nicht: Bitte legen Sie das Buch zur Seite und denken Sie eingehend über die Fragen nach.

Warum es manchmal unbequem sein muss

Haben Sie sich all diese Ereignisse vor Augen geführt, beantworten Sie sich bitte folgende Fragen: Wie haben Sie das, worauf Sie stolz sind, geschafft? Mussten Sie dazu raus aus Ihrer Komfortzone oder haben Sie es hinbekommen, ohne diese Zone zu verlassen?

Ihre Antwort darauf wird ebenso simpel wie verblüffend sein: Alles, worauf Sie stolz sind, haben Sie außerhalb Ihrer Komfortzone erreicht. Das ist, etwas anders formuliert, ein psychologisches Gesetz: „Je mehr Anstrengung eine Sache erfordert, desto mehr wert ist sie uns." Oder umgekehrt: Alles, was uns in den Schoß fällt, ist uns weniger wert als das, was wir uns hart erarbeiten müssen.

Persönliche Weiterentwicklung: nur außerhalb der Komfortzone

Sie ahnen, wohin ich Sie mit meinen Gedanken führen möchte: „Wenn ich etwas erreichen will, das mir wichtig ist, dann muss ich raus aus meiner Komfortzone!" Nicht umsonst wird dieser Bereich auch als Wachstumsbereich bezeichnet. Nur außerhalb entwickeln Sie sich weiter, nur außerhalb wachsen Sie. Oder können Sie sich vorstellen, dass man bei Chips und

Flips und „Wer wird Millionär?" seine Persönlichkeit weiterentwickelt? Das klappt natürlich nicht.

Das ist das Eine: Nur außerhalb können wir uns weiterentwickeln. Nur dort finden wir die für uns so wichtigen Herausforderungen, die wir meistern können und nach denen wir uns gut fühlen. Das ist Selbstbestätigung pur.

Dem entgegen steht das Andere, das natürliche Bedürfnis des Menschen, drin bleiben zu wollen. Wer beim Fernsehen um 20.17 Uhr von einem Nachbarn angerufen und gefragt wird, ob er Lust auf einen Spieleabend hat, neigt dazu abzusagen – schließlich hat er es sich ja gerade bequem gemacht.

> Wir alle wurden wohl schon konfrontiert mit den beiden so beliebten Totschlagargumenten, mit denen Innovationen so gern abgeschmettert werden: „Das haben wir schon immer so gemacht" und „Das haben wir noch nie so gemacht". Mit anderen Worten: „Wir machen weiterhin das, was wir bislang gemacht haben." Diese Aussagen machen deutlich, wohin es führt, wenn wir nicht mehr raus gehen aus unserer Wohlfühl-Oase: in die Stagnation.

Draußen ist nicht das Böse

Nun vermuten viele, dass in der Wachstumszone draußen nicht nur Weiterentwicklung, besondere Anforderungen und Erfolge liegen, sondern dass dort draußen auch „das Böse" lauert. Letzteres steht in Anführungszeichen, da es ironisch gemeint ist – allerdings höre ich es so oft ernst gemeint von Workshop-Teilnehmern, dass ich es schon fast in mein Sprachrepertoire übernommen habe. Das ist natürlich ein Trugschluss! Da draußen lauert nicht „das Böse" – da draußen ist Neues. Da sind Veränderungen, da ist Risiko, da ist vielleicht auch Angst. Das sind natürlich alles Sachen, denen sich kein Mensch freiwillig aussetzen will. Wer will schon gerne Angst haben? Umgekehrt sind Veränderungen oder eben Angst nichts Böses – oft sind sie nützlich und notwendig.

Muss ein Misserfolg immer negativ sein?

Wir handelten also klug dabei, ab und an die Wohlfühl-Oase zu verlassen, uns Anforderungen zu stellen und dadurch Selbstbestätigung zu finden. Ebenso um sicherzustellen, dass wir uns weiterentwickeln.

Sicher, da draußen sind auch so genannte Misserfolge und Niederlagen. Wobei sich das scheinbar Negative auch durch einen anderen Filter betrachten lässt: „Nichts ist so erfolgreich wie der Misserfolg." Mit dieser verblüffenden Aussage meinte der Schriftsteller Oliver Herford, dass wir aus so genannten Misserfolgen am meisten lernen – oder lernen könnten.

> Einem Kind, das in Mathematik eine Fünf nach Hause bringt, kann man das als Misserfolg einbläuen. Man kann ihm aber auch deutlich machen, dass die Fünf der klare Hinweis ist, dass hier noch kräftig gelernt bzw. geübt werden sollte.

Das können Sie ebenso aufs Arbeitsleben übertragen: Haben Sie auch nach 17 Bewerbungen nur Absagen kassiert? Sind Sie schon zum dritten Mal bei der Beförderung übergangen worden? Sie haben den heiß ersehnten Auftrag nicht bekommen? Sind das Misserfolge? Oder sind es Hinweise darauf, dass Sie etwas (besser) tun können?

Um den Bogen vom Misserfolg zur Komfortzone zu spannen: Außerhalb finden wir Begriffe, die uns meist unangenehm sind – es aber nicht sein müssen, weil sie im Kern ebenso positiv sein können.

Warum Probleme in Wahrheit Chancen sind

Ganz deutlich wird das anhand von so genannten Problemen. Die finden wir, natürlich, außerhalb unserer Komfortzone. Doch wer will schon Probleme haben? Bevor wir das genauer betrachten, ein kleiner Hinweis für Leser(innen), die mit solchen Aussagen schon mal in Berührung gekommen sind: Es bringt nichts, jemandem, der gerade mitten im Schlamassel steckt und einen Berg von Problemen vor sich sieht, zu sagen, dass Probleme in Wirklichkeit Chancen oder Herausforderungen seien. Vielleicht wird er oder sie zynisch lächeln und sagen: „Das versucht mir mein Chef auch immer weis zu machen." Annehmen kann er oder sie in dieser Situation solche Plattitüden kaum.

Unabhängig von solchen Akutsituationen lohnt es sich jedoch, einmal zu hinterfragen, was ein Problem tatsächlich ist. Schnell stellt sich dann heraus, dass es sich meist um nichts anderes handelt als eine Entscheidungssituation. Ich muss mich entscheiden, ob ich nach links oder nach rechts gehe. Ob ich das Jobangebot im Ausland annehme oder nicht. Ob ich dem Kunden den verlangten Rabatt einräume oder nicht. Ob ich meinem Chef die Wahrheit sage und, und, und.

Sie können dem „Problem" also durchaus gerechtfertigt einen anderen Namen verpassen – nennen Sie es zunächst „Entscheidungssituation" oder „Aufgabe" oder „Herausforderung" oder „Gelegenheit". Wenn Sie das folgende Beispiel lesen, fällt Ihnen sicherlich noch ein weiterer Begriff ein.

Beispiel

Bei einer Kundenhotline eines Buchversenders meldet sich erbost ein älterer Herr: „So ein Saftladen! Da bestelle ich bei Ihnen ein Buch, das ich übermorgen meinem Freund zum Geburtstag schenken wollte und was ist? Heute kommt es an und das Paket ist aufgerissen und eine Buchecke total beschädigt! Das war das letzte Mal, dass ich bei Ihnen was gekauft habe! Sauladen!" So pflaumt er die Dame am anderen Ende der Leitung an. Nur einmal angenommen, die Dame wäre ausgezeichnet geschult. Weiter angenommen, sie würde den Herrn emotional auffangen, ihm also beipflichten, dass das nicht vorkommen sollte. Und dann käme sie auf die Idee: „... wissen Sie was? Ich mache Ihnen einen Vorschlag: Ich schicke Ihnen per Express auf unsere Kosten das Buch nochmals raus. Das müsste bis übermorgen reichen. Das schenken Sie dann Ihrem Freund. Und das kaputte Exemplar können Sie behalten. Ich sehe ja im Rechner, Sie sind Stammkunde bei uns, und wir würden mit dem beschädigten Exemplar ohnehin nichts mehr anfangen können. Darf ich das so notieren und wir probieren, ob das klappt?" Der Kunde stimmt zu, und es klappt tatsächlich auch so.

Vor der Reklamation hatten der Kunde und das Unternehmen eine 08/15-Beziehung. Der Kunde war eine Nummer und das Unternehmen aus Sicht des Kunden irgendein Versender. Dann kam die Reklamation und die Beziehung hat sich drastisch verschlechtert – sie stand kurz vor der Aufkündigung der Geschäftsbeziehung. Jetzt die Gretchenfrage: Wie sieht nun, nach erfolgreicher Reklamationsbearbeitung, die Beziehung zwischen den beiden Parteien aus? Identisch wie zu Beginn? Schlechter? Besser? Besser. Natürlich. An diesem Beispiel wird schnell klar: Wer es schafft, Probleme radikal (radix = die Wurzel; also: von der Wurzel her) anzugehen und zu lösen, der hat danach einen besseren Zustand erreicht als davor. Das ist der tiefere Grund, warum Probleme immer auch Chancen sind.

> Im Lexikon findet sich als eine Definition von „Problem": griechisch: próblema, das Vorgeworfene, das Vorgelegte; das, was [zur Lösung] vorgelegt wurde.

Ein Problem ist also etwas, das mir zur Lösung vorgelegt wird. Wenn das kein lösungsorientierter Filter ist?! Ein chinesisches Sprichwort geht sogar noch ein Stückchen weiter: „Probleme zeigen dir, ob du etwas wirklich willst."

Betrachten wir dies näher: Ich möchte etwas erreichen, und dann stellt sich mir ein Problem in den Weg, also eine Schwierigkeit, ein unüberwindbar scheinendes Hindernis. Kapituliere ich jetzt? Gebe ich auf? Versuche ich es nochmals? Versuche ich es auf eine andere Art und Weise? Wenn ich aufgebe, zeige ich damit, dass es mir nicht so wichtig war, als dass ich die zusätzliche Anstrengung hätte in Kauf nehmen wollen.

So entfliehen Sie der Bequemlichkeitsfalle

Noch ein weiterer Gesichtspunkt ist wichtig, auch auf die Gefahr hin, hier energischen Widerspruch zu ernten, beziehungsweise so manchem gehörig auf die Füße zu treten. Wenn wir nämlich sagen, dass nur außerhalb der Komfortzone die Anforderungen zu finden sind, an denen wir wachsen können, wenn also da draußen das Außergewöhnliche liegt – wie nennen wir dann das, was drin ist? Vielleicht ahnen Sie es schon: Mitten in der Komfortzone liegt das Gewöhnliche, die Mittelmäßigkeit. Der Durchschnitt.

Raus aus der Mittelmäßigkeit!

Wollen Sie ein mittelmäßiges Leben führen? Das menschliche Potenzial erschließt sich doch nicht in der Mittelmäßigkeit. Ihr Potenzial ist doch nicht der Durchschnitt. Um das zu entfalten, muss ich Neues angehen, etwas ausprobieren, andere Wege gehen, unbequeme Ansichten vertreten. Es gibt ein Zitat des amerikanischen Dichters Robert Frost, das lautet: „Zwei Wege trennten sich im Wald. Und ich nahm den, der kaum begangen war. Das machte den ganzen Unterschied." Der ausgetretene Weg ist bequemer, führt aber meist in die Mittelmäßigkeit.

Zufriedenheit macht unzufrieden

Wir Menschen spüren das oft. Das ist auch der Grund, warum uns die vordergründige Zufriedenheit auf Dauer unzufrieden macht. So verlockend es sich zunächst anhören mag, so unbefriedigend ist ein Leben ohne richtige Anforderungen und Anstrengungen. Zudem tritt der Effekt ein, dass es immer schwieriger wird rauszugehen, je länger wir drin stecken bleiben. Das ist auch der Grund, warum sich viele Arbeitnehmer nach Jahren der gleichen Tätigkeit mit Veränderungen schwer tun.

Beispiel

Wenn es in meinen Seminaren um die Komfortzone geht, kommt fast immer der Aufschrei: „Aber ich bin doch kein Workaholic und ich will auch keinen Herzinfarkt oder Burn-out! Ich genieße es, wenn ich mich ausruhen kann, wenn ich die Beine hochlegen und die Seele baumeln lassen kann. Ja, für mich ist es ein Ziel, in diesen Bereich *rein* zu kommen und so wenig wie möglich raus zu müssen. Ich lasse mir von Ihnen auch nicht einreden, dass ich immer raus muss!"

Diese Ansicht sei natürlich jedem und jeder unbenommen. Eine Frage aber sollte man sich stellen: „Was passiert, wenn ich gar nicht mehr raus gehe?" Hier kann die Komfortzone zur Komfortfalle werden – je länger ich drin bin, umso schwerer wird es, selbst kleine Schritte nach draußen zu wagen. So betrachtet ist es nur klug, ab und zu rauszugehen.

Ich sage bewusst: „ab und zu". Es geht definitiv nicht darum, ständig draußen zu sein. Im Gegenteil – wir brauchen unsere Komfortzone, um unsere Akkus aufzuladen, um wieder Frische zu tanken, um im Basislager Kraft für den nächsten Gipfelsturm zu sammeln.

Geben Sie Ihr Bestes für das wirklich Wichtige?

Sicher ist es nicht sinnvoll, immer und für alles rauszugehen aus seiner Komfortzone. Es geht also darum, rauszugehen für das, was wichtig ist. In Seminaren stelle ich manchmal die Frage: „Was ist Ihnen wirklich, wirklich, wirklich wichtig?" Mit dieser Tripelung verdeutliche ich, dass es nicht um die nächste größere Anschaffung oder die nächste Urlaubsreise geht, sondern darum, was einem im Leben wirklich etwas bedeutet. Die Antworten sind deutschlandweit und branchenunabhängig meist ziemlich identisch: Gesundheit, Familie und Beziehung, Arbeitsplatz, persönliche Weiterentwicklung.

Kommt im Verlauf des Seminars die Sprache darauf, was die Leute für die ihnen so wichtigen Bereiche denn alles tun, wird es meist verdächtig still. Auf die Frage, warum sie es nicht schaffen, die ihnen so wichtigen Themen tatsächlich kontinuierlich zu verfolgen, kommen Antworten, die den inneren Schweinehund zitieren, die eigene Bequemlichkeit und viele Begriffe mehr, mit denen wir uns in diesem Kapitel beschäftigen.

Wie schaffen wir es also, kurzfristig und dauerhaft, die unangenehmen Begleiterscheinungen in Kauf zu nehmen, um das, was uns wirklich wichtig ist, anzugehen? Raus gehe ich nur, wenn meine Selbstmotivation stark genug ist. Betrachten wir den Begriff etwas genauer: „Motivation" kommt vom Lateinischen „motivum" und bedeutet so viel wie „Beweggrund". Dieses alte, deutsche Wort bringt es auf den Punkt: Ich brauche einen Grund, der so stark ist, dass er mich aus meiner Komfortzone *bewegt* – und er muss so stark sein, dass er mich auch bei Schwierigkeiten draußen bleiben lässt.

Fünf Kugeln für ein Ziel

In Trainings arbeite ich oft mit einem Kugelstoßpendel. Wahrscheinlich kennen Sie es. Typischerweise sind fünf identische Kugeln in einer Reihe hintereinander angeordnet und auf gleicher Höhe so aufgehängt, dass sie sich gerade berühren. Hebt man eine der beiden äußeren Kugeln hoch und lässt sie gegen die vier verbliebenen anderen Kugeln fallen, geschieht etwas Ungewöhnliches. Erwarten würde man, dass diese Kugel wie gegen eine Mauer prallt und die vier anderen Kugeln nur ein bisschen anbollert. Das ist nicht der Fall. Etwas anderes geschieht. Und zwar wird die Kugel, die auf der anderen Seite ganz außen liegt, abgestoßen. Die Kugel, die fallen gelassen wurde, bleibt wie magnetisch angezogen stehen. Die mittleren drei Kugeln bleiben ebenfalls in ihrer Ruheposition. Fällt die abgestoßene, äußere Kugel nun ihrerseits wieder zurück, bringt sie erneut die äußerste Kugel auf der anderen Seite in Bewegung – alle anderen bleiben wieder stehen. Dieser Vorgang wiederholt sich, bis das ganze System zur Ruhe gekommen ist.

Noch spannender wird es, wenn man auf der einen Seite zwei Kugeln gleichzeitig anhebt und fallen lässt – dann werden auf der anderen Seite auch zwei Kugeln abgestoßen. Bei drei Kugeln sind es auf der gegenüberliegenden Seite auch drei Kugeln und bei vier Kugeln – na, Sie wissen schon …

Newtons Pendel demonstriert wissenschaftlich gesehen den Impulserhaltungssatz. Noch viel mehr ist es ein Lebenssinnbild. Sagen wir: fünf Kugeln sind 100 Prozent. Dann entspricht eine Kugel 20 Prozent. Jetzt können Sie entscheiden, mit wie vielen Kugeln Sie spielen wollen.

Das Kugelstoßpendel (© Texelart/Fotolia.com)

Beispiel

Möchten Sie die nächste Stufe der Karriereleiter erklimmen: Wie viele Kugeln möchten Sie einsetzen, um etwas zu bewegen? Eine? Dann ist klar, dass Sie Ihr Ziel nicht erreichen. Fünf Kugeln? In Ordnung – das sind 100 Prozent!

Wie schaffen wir es, bei den uns wichtigen Themen mit fünf Kugeln zu spielen? Wie schaffen wir es rauszugehen, die

Unbequemlichkeiten anzunehmen – und draußen zu bleiben, auch wenn es schwierig wird?

Das bedeutet, wie im Kapitel „Justieren Sie Ihre Einstellungen" festgestellt, dass Sie sich selbst innerlich verpflichten, Ihr Ziel definitiv zu verfolgen – auch wenn es Kollegen gibt, die Ihnen Steine in den Weg legen, oder wenn es nicht gleich beim ersten Anlauf klappt. Sie versprechen sich, dass Sie dieses eine Ziel mit Ihrer ganzen Kraft angehen werden. Oder, um mit Theodor Fontane zu sprechen: „Mit Halbheiten wird nichts Ganzes gewonnen, der höchste Preis darf den höchsten Einsatz fordern." Das war die Sache mit dem commitment, dem „sich selbst etwas versprechen und halten".

Der menschlichen Natur entspricht es, ein „konsistentes Verhalten" an den Tag zu legen. Haben Menschen einmal eine Entscheidung getroffen, wollen sie sich auch danach verhalten. Nutzen Sie das – treffen Sie eine Entscheidung, gehen Sie ein *commitment* ein und seien Sie überrascht, wie konsistent Sie sich verhalten werden.

Einer meiner persönlichen Leitsätze lautet „Five to one". Damit meine ich: „Fünf für eins – *fünf* Kugeln für *ein* Ziel." Gewöhnen Sie sich an, bei den für Sie wichtigen Themen nach dem Five-to-one-Prinzip zu handeln. Der Erfolg kommt dann fast von allein.

Fünf Tipps, wie Sie sich überwinden

Bevor wir uns auf den Königsweg dazu begeben, hier noch ein paar Kniffe, um sich selbst zu überlisten und kurz und schmerzlos rauszugehen.

1. Machen Sie etwas „nur kurz"

Wie schon erwähnt, neigt der Mensch dazu, das weiterhin zu tun, was er im Moment tut. Dieses Prinzip können wir nutzen für das, was wir tun wollen. Haben Sie beispielsweise keine Lust, die Ablage zu machen, obwohl die eigentlich nötig ist, dann sagen Sie sich: „Jetzt mache ich fünf Minuten Ablage." Die Wahrscheinlichkeit, dass Sie länger dran bleiben werden, wenn Sie sich einmal überwunden haben, ist hoch.

2. Versprechen Sie es jemandem, der Ihnen wichtig ist

Wenn Sie sich etwas vorgenommen haben, teilen Sie es jemandem mit, der Ihnen etwas bedeutet. Sagen Sie beispielsweise Ihren Kindern, dass Sie ab sofort aufhören zu rauchen. Teilen Sie Ihrem Lebenspartner mit, dass Sie in den nächsten zwei Jahren Ihren Karriere-Turbo starten, oder gehen Sie zu Ihrem Chef und versichern Sie ihm, dass Sie ab sofort alles daran setzen werden, um sich für die nächste Stufe zu empfehlen.

3. Unterteilen Sie Ihr Vorhaben in kleine Einheiten

Puh – wie soll ich meinen Willen, mein Bestes zu geben, tagtäglich umsetzen? Was bedeutet das konkret? Gerade große Vorhaben können mehr abschrecken als motivieren. Unterteilen Sie sie daher in konkrete, kleine Einheiten. Zum Beispiel: „Als erstes gehe ich die ungeliebte Neukunden-Akquise an. Da werde ich jeden Monat X Anrufe tätigen. Um mein Bestes zu geben, lasse ich mich noch im Bereich Y schulen und ..." Merken Sie, wie plötzlich das Gehirn anfängt ganz anders zu arbeiten? Aus dem schwammigen Großen werden appetitliche kleine Häppchen, die niemanden überfordern.

4. Führen Sie eine „Löffelliste"

Kennen Sie den Film „Das Beste kommt zum Schluss" mit Jack Nicholson und Morgan Freeman? Darin geht es um zwei Krebskranke, die nur noch ein paar Monate zu leben haben. Sie schreiben auf, was sie in diesen Monaten noch alles erleben wollen. Sie nennen die Liste „Löffelliste", weil es sich um Dinge handelt, die sie noch machen wollen, bevor sie „den Löffel abgeben". So makaber brauchen Sie es nicht zu handhaben: Aber erstellen Sie eine Liste mit allem, was Sie in Ihrem Leben noch machen, erreichen, sehen, schaffen wollen. Ich darf Ihnen jetzt schon sagen – die Liste wird umfangreich! Psychologisch drängt das die unwichtigen Themen in den Hintergrund: „Für so einen Quatsch habe ich jetzt wirklich keine Zeit – ich habe noch so vieles auf meiner Liste, das wirklich wichtig ist." Probieren Sie es aus!

5. Denken Sie nach. Denken Sie vor!

Beantworten Sie sich die folgenden zwei Fragen: Wo möchte ich beruflich in zehn Jahren stehen? Welche Fähigkeiten/Fertigkeiten benötige ich dazu? Allein das Nachdenken über diese beiden Fragen wird Sie aus der Komfortzone schubsen und in Aktion bringen!

Unangenehmes gern tun?

Wie kann ich Unangenehmes überhaupt *gern* tun? Es steckt doch schon im Wort, dass dies eben unangenehm ist – also mache ich es auch ungern.

Tai Chi des Alltags

Beispiel

Heike, Mutter von zwei Kindern, liebt ihr Hausfrauendasein mit allem Drum und Dran – und einer einzigen Ausnahme: Sie hasste Bügeln. Das sagte sie immer und immer wieder. Eines Tages ging sie in eine Mutter-Kind-Kur. Mehrere Wochen danach erzählte Heike, wie gern sie bügele, dass Bügeln mittlerweile zu einer ihrer Lieblingstätigkeiten geworden sei. Auf meine verwunderte Nachfrage erklärte sie, dass sie in der Kur auch „so psychologische Gespräche" gehabt habe. Und dass ihr der Therapeut empfohlen habe, das Bügeln mal ein paar Wochen als „Tai Chi des Alltags" zu betrachten. Dabei also entspannen, nichts denken müssen, abschalten.„Und heute", schloss Heike dieses Thema ab, „freue ich mich schon morgens auf mein Tai Chi des Alltags."

Im ersten Augenblick belächelte ich diese Geschichte. Dann dachte ich intensiv darüber nach. Mittlerweile konnte ich schon vielen Seminarteilnehmern und Zuhörern diesen Gedanken mitgeben: Machen Sie das, was Sie ohnehin machen müssen und was ziemlich eintönig ist zum Tai Chi des Alltags.

Der 90-Tage-Test

Kombinieren können Sie das Tai Chi des Alltags gleich mit dem nächsten Vorschlag: Machen Sie den 90-Tage-Test. Der Name ist Programm: Möchten Sie etwas Unangenehmes durchziehen, nehmen Sie sich dafür einen Zeitraum von 90 Tagen vor. Erst danach beurteilen Sie, ob Sie weitermachen wollen oder ob Sie das Ganze lieber einstellen.

Warum 90 Tage, werden Sie fragen. Warum so lang? Dieser Zeitrahmen hilft Ihnen dabei, sich an etwas Neues zu gewöhnen. Haben Sie die ungeliebten Mitarbeitergespräche – sagen wir mal, jeden Tag eines – eine Woche lang zu führen, werden Sie wahrscheinlich froh sein, wenn diese Woche rum ist. Stellen Sie sich vor, das 90 Tage durchzuziehen! Klar, anfänglich läuft es vielleicht etwas holprig und nach der ersten Woche würden Sie vielleicht am liebsten das Projekt abblasen – Sie ziehen das aber durch und, Sie spüren es sicherlich, nach 90 Tagen möchten Sie diese Gespräche nicht mehr missen.

Nehmen Sie sich eine einzige Sache vor, die Sie bislang als unangenehm eingeschätzt haben und behalten Sie sie 90 Tage lang bei. Ziehen Sie danach ein Fazit.

Reißen Sie sich um unangenehme Arbeiten

Der Normalfall: In jedem Unternehmen gibt es Arbeiten, um die sich keiner reißt. Sie werden verteilt und meist lieblos und auf mehrfaches Nachfragen erledigt. Das haut niemanden vom Hocker, am allerwenigsten jene(n), der bzw. die es erledigen muss.

Der Ausnahmefall: Die unangenehme Arbeit reißt ein „Verrückter" an sich. Er oder sie erledigt das gewissenhaft, schnell, ausgefeilt bis ins Detail und mit Leidenschaft und Herzblut, als handele es sich um eine Lieblingstätigkeit. Das macht er nicht nur ein einziges Mal – das macht er ständig bei diesen Aufgaben, vor denen sich alle anderen drücken.

Soll ich den Gedanken weiter ausführen? Nein, ich weiß, dass Sie ganz genau wissen, wie es im Laufe der nächsten Monate und Jahre mit diesem „Verrückten" im Unternehmen weitergehen wird.

Credo: Seien Sie ein „Verrückter". Reißen Sie sich um mindestens eine unangenehme Arbeit. Erledigen Sie diese so, als wäre es das Projekt Ihres Lebens. Und dann gieren Sie nach der nächsten Aufgabe, die niemand haben will!

Fünf Kugeln nur für wirklich Wichtiges

Die Vorgehensweisen – Tai Chi des Alltags, 90-Tage-Test und sich um Unangenehmes reißen – sind erprobt und sie funktionieren. Allerdings empfehle ich Ihnen, sie nicht für alles und jedes anzuwenden, sondern nur für das, was Ihnen wirklich wichtig ist oder was nach Ihrer Überzeugung wichtig werden kann. Wenn Sie immer mit fünf Kugeln spielen würden, also dauernd Vollgas geben – dann vergessen Sie möglicherweise zu tanken und bleiben irgendwo auf halber Strecke liegen. Spielen Sie daher mit fünf Kugeln nur für das, was Ihnen wirklich, wirklich, wirklich wichtig ist.

Zehn Tipps, wie Sie sich selbst aus der Komfortzone holen

Hier noch einige Tipps, wie Sie beruflich und privat üben können, sich selbst aus der Komfortzone zu befreien – und auch noch Freude daran haben.

1. Sagen Sie heute im Büro zu allen internen Anfragen einmal „Nein." Ohne Begründung.
2. Gehen Sie einen Tag ohne Krawatte, alternativ: mit, wenn Sie keine tragen, ins Büro. Ohne Begründung.
3. Gönnen Sie sich eine Farb- und Stilberatung.
4. Geben Sie ein anonymes Stellengesuch auf, in dem Sie Ihre Qualifikationen beschreiben – völlig unabhängig davon, ob Sie auf Stellensuche sind oder nicht. Sie werden überrascht sein über die Resonanz.
5. Gehen Sie zu einem Mitarbeiter, der zu einem Thema eine konträre Meinung hat. Fragen Sie ihn: „Wie denken Sie über die Angelegenheit? Lassen Sie mich verstehen, wie Sie zu dieser Ansicht gekommen sind."
6. Nehmen Sie eine Woche lang jeden Tag einen anderen Weg zur Arbeit.
7. Kontaktieren Sie Kunden der Konkurrenz. Sagen Sie, dass Sie gerade eine Untersuchung machen und gerne wissen möchten, warum sie nicht bei Ihnen kaufen – beziehungsweise, was passieren müsste, damit sich das ändert.
8. Arbeiten Sie einen Tag ohne Mobiltelefon und Internet. Ich weiß, die Reaktion ist fast schon ein Reflex: „Das geht nicht". Doch, das geht! Glauben Sie mir.

9 Bitten Sie drei Experten auf ihrem Gebiet zu einem Gespräch, etwa zum Mittagessen oder auf eine Stunde im Büro. Stellen Sie Fragen, die Sie brennend interessieren.

10 Halten Sie einen Vortrag zu Ihrem Thema, wo auch immer.

Vom Umgang mit Niederlagen

„Jetzt gehe ich schon mal raus aus meiner Komfortzone – dann muss das schließlich auch klappen!" Mit solch einer Einstellung stürzt sich so manch einer ins Geschehen – und erleidet kolossal Schiffbruch. Das kommt vor.

Es gibt nie und nirgendwo eine Garantie, dass man das Vorgenommene tatsächlich erreichen wird. „Warum arbeite ich dann wie ein Besessener dafür?", werden Sie sich vielleicht fragen. Ganz einfach: Es erhöht die Wahrscheinlichkeit, dass Sie Ihr Ziel erreichen. Das liegt auf der Hand: Wenn Sie sich tagtäglich anstrengen und alles geben, was Sie können – dann ist die Wahrscheinlichkeit deutlich höher, dass der Erfolg eintritt als wenn Sie Dienst nach Vorschrift schieben. Es gibt aber eben keine Garantie. Bereits hier sollten Sie sich daher die Frage stellen: „Lohnt sich der Einsatz, auch wenn ich mein Ziel nicht erreiche?"

Alles gegeben, nichts erreicht

Irgendwann ist es einmal so weit. Sie haben alles gegeben. Sie haben wie ein Löwe um die Beförderung gekämpft. Sie waren trotz Höchstleistung die letzten zwölf Monate gut gelaunt, dem Chef gegenüber wie den Kunden und den Kollegen, Sie haben, ohne mit der Wimper zu zucken, gewissenhaft alle Pflichten erfüllt und sich überdies die unangenehmen Aufgaben unter den Nagel gerissen, die niemand haben wollte – und selbst die haben Sie mit Hingabe und Leidenschaft erledigt. Und dann die niederschmetternde Nachricht: Wieder wurde Ihnen jemand anderes vorgezogen.

Puh, alles war vergebens. Sie haben beruflich eine ihrer schmerzlichsten Niederlagen eingesteckt. Das ist im ersten Augenblick so, als habe jemand den Stecker gezogen und alle Energie sei dahin.

Was haben Sie in den letzten Monaten gelernt?

Lassen wir es einen Moment sacken. Der letzte Absatz, das waren lediglich Ihre Gedanken. Gedanken kommen und gehen. Nur weil man sie hat, sind sie noch lang nicht wahr. Lassen Sie uns die Sache von einer anderen Seite betrachten: Was haben Sie in den letzten zwölf Monaten alles gelernt? Welche zusätzlichen Aufgaben haben Sie übertragen bekommen? Wie haben Sie sich in diesen Monaten energetisch gefühlt? Wie sehr sind Sie in der Achtung bei Vorgesetzten, Kollegen, Mitarbeitern gestiegen? In welchen Bereichen haben Sie sich weiterentwickelt?

Diese Betrachtung lenkt den Fokus zuerst auf den Prozess und nicht auf das Ergebnis. Das kann den Filter schon einmal gewaltig ändern.

„Ich habe in meiner Karriere mehr als 9.000 Mal danebengeworfen. Ich habe fast 300 Spiele verloren. 26 Mal durfte ich den spielentscheidenden Wurf abgeben und habe ihn verhauen. Ich bin in meinem Leben ein ums andere Mal gescheitert. Genau das ist es, was mich erfolgreich gemacht hat." Das sagte Michael Jordan, Basketball-Star und bislang bester Spieler aller Zeiten.

Achtung: Ich will Ihnen jetzt keinesfalls ausreden, dass es auch derbe Niederlagen gibt, die so richtig wehtun. Und ich will Ihnen ganz bestimmt nicht einreden, dass Sie sich über jede Niederlage freuen sollen, weil Sie so viel daraus gelernt haben. Sie dürfen sich schon so richtig, richtig ärgern. Was ich Ihnen aber mitgeben möchte ist, sich nicht so lange darüber zu ärgern. Es ist ebenso traurig wie unnötig, längst vergangenen Tagen hinterher zu trauern, an denen man vielleicht irgendetwas in den Sand gesetzt hat.

Beispiel

Über viele Jahre war ich als Direktmarketing-Manager tätig. In dieser Branche geht es nicht um Imagewerbung, sondern um konkrete Werbemaßnahmen, die allesamt an personifizierte Adressaten gehen. Das Ergebnis jeder einzelnen Aktion lässt sich so bis auf den letzten Cent messen.

Nun gibt es im Direktmarketing keine Flops. Warum nicht? Weil es heißt: „Direktmarketing ist Testmarketing". Wenn eine Maßnahme mal, salopp formuliert, in die Hose geht, dann sagt man nicht, dass sie ein Flop war. Dann heißt es: „Jetzt wissen wir, dass diese Maßnahme nicht funktioniert."

Vielleicht sollten wir auch in unseren eigenen Themen so denken? Ist der letzte Platz beim 10.000-Meter-Lauf eine Niederlage? Oder ist es der deutliche Hinweis darauf, dass man mehr trainieren oder gar eine andere Sportart ausüben sollte?

Vom Sportbeispiel nochmals zur gescheiterten Beförderung: Worauf könnte das ein Hinweis sein? Würde ich beim nächsten Mal genau so vorgehen? Hat mir der Vorgesetzte nicht ein paar dezente Hinweise gegeben, die ich vor lauter überbordendem Engagement übersehen habe? Kann ich mit einer kompetenten Person die letzten zwölf Monate analysieren? Kann ich herausfinden, ob ich im Unternehmen jemals eine Chance auf diese Position haben werde?

Es gibt noch viele mögliche Fragen. Entscheidend ist, wie Sie das Ergebnis werten: ganz emotionslos als neutrales Resultat? Als Niederlage? Als Lernerfahrung?

Meist sehen wir die Dinge nach Jahren in einem ganz anderen Licht. In der aktuellen Krise können wir das dagegen nicht. Dabei hat jede(r) schon Krisen durchlaufen – und rückblickend sagen viele: „Gut, dass mir das damals widerfahren ist."

Beispiel

Freitag, 15. Juni 2001, 19.20 Uhr. Zum Abschluss meiner Arbeitswoche klopfe ich an die Tür meines Geschäftsführers und liefere ihm meinen neuesten Werbeflyer ab. Er ist begeistert: „Herr Stritzelberger, da sieht man wieder so richtig Ihre Klasse. Wir sind ja so glücklich, dass Sie bei uns sind. Aber jetzt machen Sie endlich Feierabend und genießen Sie das Wochenende."

Montag, 18. Juni 2001, 7.55 Uhr. Fröhlich und tatendurstig betrete ich den Flur des Bürogebäudes und werde, noch bevor ich mein Büro betreten kann, zu meinem Geschäftsführer gebeten. Ohne Umschweife kommt er zur Sache: „Herr Stritzelberger, wir müssen uns von Ihnen trennen."

Wenn Sie dieses Beispiel lesen und denken: „Ach Gott, der Arme!", dann kann ich Ihnen rückblickend sagen, dass dies das

Beste, Glücklichste und Spitzenmäßigste war, was mir je beruflich widerfahren ist. Ohne diesen Rauswurf im doppelten Sinne – einmal aus dem Unternehmen, einmal aus meiner Komfortzone – wäre ich wahrscheinlich beruflich nie so frei geworden wie ich das heute sein kann.

Wie gehen Sie mit einer Krise um?

Garantiert jeder schlittert in die eine oder andere Krise während seines Berufslebens. Die Frage ist dann: Wie gehen wir mit der Krise um? Da ist es doch schnell um unsere Selbstmotivation geschehen, oder? „Oder auch nicht!", möchte ich Ihnen zurufen.

> Als „Krise" wird im Lexikon eine mit einem Wendepunkt verknüpfte Entscheidungssituation bezeichnet. Lassen wir uns das auf der Zunge zergehen: Krise = Wendepunkt! Krise = Entscheidung!!

In einer Krise kann ich zeigen, was in mir steckt. Hier kann ich zeigen, ob ich ein Schönwetter-Selbstmotivator bin oder ob ich auch noch ordentlich was auf dem Kasten habe, wenn mir der Wind etwas rauer um die Nase pfeift, beziehungsweise, wenn der Karren im Dreck feststeckt. Eine richtige Krise kommt nicht oft.

In einer Krise zeigt sich, was Sie können!

Dies bedeutet, dass Sie nicht oft im Leben beweisen können, was tatsächlich in Ihnen steckt. Dass Sie nicht oft in Ihrem Leben die *Chance* haben, das zu beweisen. Denn auch eine Krise ist wieder eine Chance. Eine bombastische Bewährungschance. Rennen Sie nicht davon. Zeigen Sie, wer Sie wirklich sind.

Krisen lassen sich kaum voraussehen, und der Umgang mit ihnen lässt sich nicht planen. Aber man kann sich auch hier mit aller Intensität vornehmen, dass man stark bleibt und sein Bestes geben wird. Auch wenn es manchmal sehr, sehr schwer fällt.

Auf einen Blick: Trainieren Sie Ihre Risikobereitschaft

- Allzu gerne machen wir es uns gemütlich. Das Bequeme ist meist auch das Bekannte, unser Alltag, vertraute Tätigkeiten, die gewohnte Umgebung.
- Innerhalb dieser Komfortzone fühlen wir uns zwar sicher, persönliche Weiterentwicklung ist hier aber nicht möglich. Das macht früher oder später unzufrieden.
- Der Weg aus dieser Komfortzone führt über die Frage, was uns wirklich wichtig ist. Nur wenn wir uns darüber im Klaren sind, können wir uns ein Ziel setzen, das wir konsequent verfolgen können.
- Der Weg zum Ziel kann steinig und holprig sein. Wer viel wagt, kann viel verlieren. Aber auch durch Niederlagen und Rückschläge gewinnt man.

Nutzen Sie die Kraft des wirklich Wichtigen

Die meisten Menschen scheitern an den Vorhaben, die sie für sich als wichtig einstufen. Manchen Menschen gelingt es dagegen scheinbar mühelos, all ihre Ziele in die Tat umzusetzen. Dahinter stecken ganz einfache Prinzipien, die wir nutzen können.

In diesem Kapitel erfahren Sie,

- warum wirklich Wichtiges selten eilt,
- warum Großes klein beginnt,
- wie Sie das doppelte Hebelprinzip für sich nutzen können,
- wie Sie wahre Lebensqualität schaffen.

Warum das wirklich Wichtige selten eilt

Das wichtigste Wort in diesem Kapitel ist: „wichtig". Allerdings sind wir uns oft gar nicht im Klaren darüber, was in unserem Leben wirklich wichtig ist. Geschweige denn, wie wir das, was uns wirklich *wichtig* ist, umsetzen können. So manches Mal, wenn wir heraus sind aus dem Alltag oder wenn wir in einer Krise stecken, wird uns erst bewusst, was uns wahrhaft wichtig ist.

Wir verlieren uns im Alltag

Meist bedauern wir das dann und nehmen uns vor, bei nächster Gelegenheit diese Themen wirklich anzugehen. Doch dann holt uns schnell der Alltag wieder ein und wir erledigen, was ansteht. Vielleicht kennen Sie die folgende Situation.

Beispiel

Sie fahren Montagmorgen ins Büro und haben sich lediglich drei Dinge vorgenommen, die Sie heute – da wichtig! – erledigen wollen. Kaum im Büro angekommen, werden Sie von einem Mitarbeiter abgefangen, der bei einem Projekt Ihre Hilfe braucht. Dann hören Sie Ihren Anrufbeantworter ab, rufen zurück, beantworten die wichtigsten Mails, werden spontan in eine äußerst wichtige Besprechung gerufen und, und, und. Abends fahren Sie nach Hause, und Sie haben alles bravourös geschafft – bis auf die drei Dinge, die Sie sich vorgenommen hatten.

Das hinterlässt ein schales, unbefriedigendes Gefühl. Im Schwäbischen gibt es hierzu den Satz: „Den ganzen Tag geackert – aber nichts geschafft!" Woher das kommt und wie man dies vermeidet, erfahren Sie weiter unten in diesem Kapitel. Lassen Sie uns hier zunächst die Bedeutung von „wichtig" klären.

Der Chef legt etwas auf den Schreibtisch und sagt: „Bitte ganz schnell erledigen – es ist wirklich wichtig!" Das sagt er zwar, was er aber meint, ist: „Es ist dringend." Wir werfen diese beiden Begriffe oft in einen Topf. Trennen wir sie daher einmal fein säuberlich:

	Dringend	Wichtig
Herkunft	„drängen" „bedrängen"	„ge-wichtig" = hat Gewicht, Bedeutung
Assoziationen	Eile, Druck, Hektik, Stress	Langfristigkeit, Genugtuung, Befriedigung, Stolz
Empfinden	unangenehm	angenehm

Wichtig oder dringend?

Wichtige Themen sind also meist langfristig von Bedeutung. Da gibt es Themen, die dem Einzelnen wichtig sind, so z. B. vielleicht in einer Sportart meisterhaft zu werden. Und da gibt es Themen, die den meisten Menschen wichtig sind: Gesundheit, Beziehungen, persönliche Weiterentwicklung, finanzielle Vorsorge. Sie entsinnen sich? Das sind auch die Themen, die die meisten meiner Teilnehmer auf die Frage genannt haben, was ihnen wirklich, wirklich, wirklich wichtig sei.

Jetzt können diese wichtigen Themen, lassen Sie uns bei den allgemeinen bleiben, gleichwohl dringend als auch nicht dringend sein.

	Wichtig und dringend	Wichtig und nicht dringend
Arbeitsplatz	Wenn mein Job gefährdet ist; wenn ich eine neue Position antreten soll	Weiterbildung, geistige und körperliche Beweglichkeit, Wissen und Fertigkeiten
Gesundheit	Wenn es weh tut, wenn ich krank bin, wenn etwas nicht stimmt	Wenn ich gesund bin
Beziehung	Wenn es kriselt	Wenn alles gut läuft
Finanzielle Vorsorge	Wenn ich mit 55 noch nicht begonnen habe	Wenn es läuft

Dieses Schema zieht sich durch unser ganzes Leben. Das bedeutet: Alles, was Ihnen wichtig ist, kann entweder dringend oder eben nicht dringend sein. Entscheidend ist hier, dass wir die beiden Begriffe nicht vermischen, wie es im Alltag oft der Fall ist. Drei Prinzipien, entlehnt aus dem Zeitmanagement, unterstützen Sie dabei, die wirklich wichtigen Themen tatsächlich anzupacken. Ich bin geneigt, sie als Naturgesetze zu bezeichnen, so mächtig sind sie. Wenn wir es schaffen, mit diesen Prinzipien zu agieren, kommen wir in einen Fluss, dann geschieht vieles wie von selbst, mühelos und so natürlich wie das Lächeln eines kleinen Kindes. Die drei Prinzipien sind die folgenden:

1 Es wird dringend, wenn man nichts tut.
2 Je eher man handelt, desto geringer der Aufwand und desto besser das Ergebnis (sog. doppeltes Hebelprinzip).
3 Bekommt man keinen Druck, macht man ihn sich selbst

Im Koordinatenkreuz unten sehen Sie sie verdeutlicht.

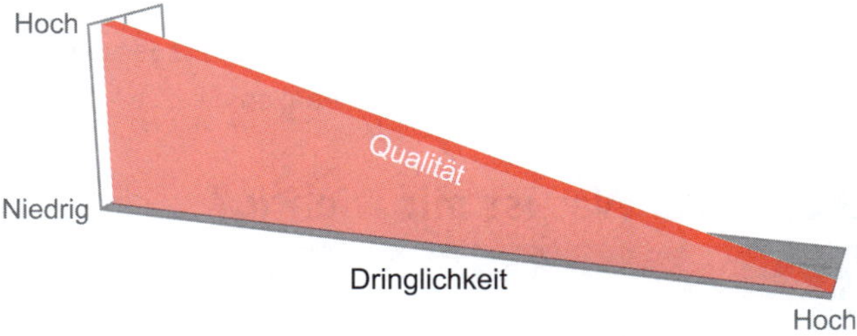

Wenn Wichtiges dringlich wird, leidet die Qualität

Wie Sie erkennen, was Ihnen wertvoll ist

Bevor es zur Anwendung der drei Prinzipien geht und Sie diese richtig nutzen können, müssen Sie erst einmal identifizieren, was wirklich („wirklich, wirklich, wirklich" – Sie wissen schon!) von Bedeutung für Sie ist.

Das klappt definitiv nicht im Alltag, so mal schnell zwischen Büro und Abendbrot. Dazu brauchen Sie Muße und Abstand, so wie Sie es vielleicht aus dem Urlaub kennen. Da geht es einem manchmal nach einigen Tagen so, dass man aus der Ferne erkennt, was man in den letzten Monaten oder gar Jahren vernachlässigt hat, welche Freundschaften man mehr pflegen möchte, dass man selbst immer zu kurz gekommen ist und so manches mehr. Suchen Sie solch eine Stimmung. Dazu brauchen Sie natürlich nicht in den Urlaub zu fahren – wobei das sicher auch nicht schaden kann! Gehen Sie an einen Platz, an dem Sie sich wohl fühlen und an dem Sie ungestört sind. Nehmen Sie sich etwas zum Schreiben mit. Dann beantworten Sie die folgenden Fragen. Haben Sie eine Frage geklärt, können Sie sie in der rechten Spalte abhaken.

Checkliste: Was ist mir wichtig?

Beruf	
▪ Was sind meine wichtigsten Aufgaben?	
▪ Wofür werde ich ganz konkret bezahlt?	
▪ Welchen Mehrwert schaffe ich dem Unternehmen?	
▪ Welche Ergebnisse werden von mir erwartet?	
▪ Trägt das, was ich gerade tue, dazu bei?	
▪ Wo möchte ich in zehn Jahren beruflich stehen?	
Persönliche Bereiche	
▪ Was ist mir wirklich, wirklich, wirklich wichtig im Privaten und Persönlichen?	
▪ Welche Themen möchte ich angehen?	

■ In welchen Bereichen muss ich mich aus meiner Komfortzone begeben?	
■ Welche Themen gibt es in meinem Leben, für die es sich lohnt sich voll und ganz einzusetzen, auch wenn es schwierig wird?	
■ Zu welchen Menschen möchte ich eine bessere Beziehung?	
■ In welchen Bereichen möchte ich mich weiterentwickeln?	

Das sind alles Fragen, die sich in der Praxis bewährt haben, um den eigenen Themen auf die Spur zu kommen. Wenn Ihnen Ihre wichtigen Themen klar sind, können Sie diesen Schritt selbstverständlich überspringen. Ans Herz legen möchte ich Ihnen, sie auf alle Fälle aufzuschreiben. Am besten in ein hochwertiges Notizbuch, das Sie immer wieder gern zur Hand nehmen und fortschreibend aktualisieren. Sie wissen doch: Was man schreibt, das bleibt!

Vielleicht hilft Ihnen dabei auch der tiefsinnige Satz von Roy Disney, Bruder von Walt Disney: „Wenn die Prioritäten klar sind, dann ist es einfach, Entscheidungen zu treffen."

Wichtig zu wissen ist zudem, dass es kein allgemeines „Wichtig" gibt. Jeder entscheidet, meist unbewusst, was ihm persönlich wichtig ist und was nicht. Dem einen ist es ein eigenes Haus, dem anderen seine Arbeit.

Der Unterschied zwischen effektiv und effizient

Im folgenden Abschnitt brauchen wir die beiden Begriffe „effektiv" und „effizient". Sie werden häufig benutzt, und häufig verwechselt.

- „Effektiv arbeiten" bedeutet, so zu arbeiten, dass ein gewolltes Ergebnis erreicht wird. Effektivität misst den Grad der Zielerreichung, den Grad der Wirksamkeit einer Maßnahme. Etwas vereinfacht bedeutet Effektivität also: „Die richtigen Dinge tun."
- „Effizient arbeiten" bedeutet dagegen, so zu arbeiten, dass die zur Verfügung stehenden Mittel optimal eingesetzt werden, um ein Ziel zu erreichen. Effizienz ist also ein Mittel zum Zweck und damit der Gradmesser für die Wirtschaftlichkeit einer Maßnahme. Vereinfacht ausgedrückt bedeutet Effizienz: „Die Dinge richtig tun."

Angenommen, Sie möchten Ihre wichtigsten Lieferanten einer neuerlichen Analyse unterziehen. Das ist Ihr Ziel. Dazu wollen Sie an einem bestimmten Tag zuerst einmal alle Lieferanten mit allen Artikeln und Konditionen auflisten. Kommen Sie an diesem Tag nicht dazu, weil Sie vielleicht an ganz anderen Dingen arbeiten, sind Sie weder effektiv, weil Sie Ihrem Ziel kein bisschen näher kommen, noch arbeiten Sie effizient, weil nichts wirksam ist im Hinblick auf Ihr Ziel. Nehmen Sie ein Blatt Papier und einen Kugelschreiber und notieren Sie mühsam die Lieferanten und Konditionen, kommen Sie Ihrem Ziel zwar minimal näher, arbeiten aber nicht effizient. In der Berufspraxis würden Sie wahrscheinlich mit dem Rechner arbeiten, auf eine frühere Version der Aufstellung zurückgreifen oder Ähnliches. Sie würden höchstwahrscheinlich Ihre Arbeit so effizient wie möglich gestalten.

Vom ersten Schritt hängt Ihre Lebensqualität ab

Die meisten von uns versuchen das, was sie tun und vorhaben, so effizient wie möglich zu erreichen. Wir wollen es „richtig tun". Allerdings nehmen wir uns viel zu selten die Zeit und vor allem die Auszeit, darüber nachzudenken, was tatsächlich unsere Ziele sind – was uns also wichtig ist und noch nicht unter den Nägeln brennt, was die richtigen Dinge sind.

Wir legen uns ins Zeug, lernen, bilden uns weiter, sind immer fürs Unternehmen verfügbar – um irgendwann festzustellen, dass man angekommen ist, wo man nie landen wollte. Daher ist es von Bedeutung – und zwar von Bedeutung für Ihr Leben und Ihre ganz persönliche Lebens-Qualität – sich mit solchen Fragen wie oben in der Checkliste zu beschäftigen. Identifizieren Sie im ersten Schritt, was Ihnen wirklich wichtig ist. Lassen Sie sich genügend Zeit für diesen Schritt – er bestimmt die Richtung. Und planen Sie ausreichend Zeiten ein, in denen Sie sich immer wieder mit diesen Fragen beschäftigen. Planen Sie diese Zeiten bewusst und nicht im Stil von: „Das mache ich, wenn es mal passt." Es passt nie.

Erstes Prinzip: Es wird dringend, wenn ich nichts tue

Beispiel

Früher kaufte ich für meine Frau das Weihnachtsgeschenk auf den letzten Drücker. Manchmal sogar erst am 24. Dezember. Meist war es ein Parfum, dann aber wenigstens die Großpackung. Bei meiner Frau kam das nie gut an. Ihr war Weihnachten immer wichtig – mir nicht. Ihr war und ist ein wertschätzendes Geschenk wichtig – mir nicht. Daher hatte ich mir direkt nach einem wieder einmal verpatzten Heiligabend mit „Last-Minute"-Geschenk vorgenommen, es nächstes Mal garantiert (!) anders zu machen. Nun ist es nicht gerade sinnvoll, gleich im Januar oder an Ostern nach einem Weihnachtsgeschenk zu suchen. Auch der Hochsommer schien mir nicht die passende Jahreszeit, um in Weihnachtsstimmung zu kommen. Ungünstigerweise beginnt Anfang September in meiner Branche die heiße Phase, in der ein Termin den anderen jagt. Kurz und gut: Am 1. Dezember linste ich heimlich in den Kalender, ob denn der 24. Dezember eventuell ein Werktag sei. Dem war so. Nicht, dass ich das nutzen wollte ... nur sicherheitshalber! Es kam, wie es kommen musste: Am 24. Dezember wachte ich frühmorgens auf, wie so oft ohne Geschenk. Also noch schnell mit der Ausrede „Das Auto muss in die Waschanlage" in die Stadt gedüst und ein schönes Geschenk gekauft. Aus schlechtem Gewissen die Großpackung ...

Wenn Sie jetzt schmunzeln, sich aber fragen, was denn dieses Beispiel mit Selbstmotivation und gar mit der Frage „Wie kriege ich meine wichtigen Themen erledigt?" und den erwähnten drei Prinzipien zu tun hat, darf ich Ihnen sagen: Hinter der Geschichte mit dem Weihnachtsgeschenk steckt schon das erste Prinzip.

> Das erste Prinzip lautet: „Alles, was uns wichtig ist, beginnt normalerweise im nicht dringenden Bereich – und wird dringend, wenn ich nichts dafür tue."

Über diesen Satz lohnt es sich länger nachzudenken. Suchen Sie jetzt bitte nicht nach Gegenbeispielen. Vielleicht gibt es das eine oder andere. Im Großen und Ganzen passt diese Aussage aber auf alles, was Ihnen wichtig ist im Leben.

- **Gesundheit:** Die meisten Menschen sind anfänglich gesund. Wenn sie aber nichts für ihre Gesundheit tun, sich fett und süß ernähren, sich nicht mehr bewegen oder gar rauchen – dann wandert das Thema Gesundheit im Koordinatenkreuz langsam aber sicher von „nicht dringend" über den Nullpunkt in den dringenden Bereich. Irgendwann mal ist es so dringend, dass man im Krankenhaus landet.
- **Beziehung zum Lebenspartner:** Auch Beziehungen beginnen meist in einem positiven, oft gar in einem euphorischen Zustand. Hier gilt ebenso die Aussage: Wenn ich nichts dafür tue, wird es dringend. Heißt: Wer beispielsweise ständig zu seinem Lebenspartner sagt „Keine Zeit!", der wird möglicherweise bald wieder ganz viel Zeit haben, weil er dann niemanden mehr hat, um den er sich kümmern kann.
- **Persönliche Weiterentwicklung:** Die Zeiten sind längst vorbei, in denen uns eine Ausbildung fürs gesamte berufliche Leben weitergeholfen hat. Lebenslanges Lernen ist angesagt. Es ist nicht selten, dass ein 50-jähriger Arbeitnehmer nochmals vollkommen umlernen muss und an einen komplett anderen Arbeitsplatz kommt. Wenn ich 20

Jahre nichts mehr für meine Weiterbildung und Entwicklung getan habe und die nächste Veränderungswelle rollt an – dann kann es sein, dass es schon mehr als dringend ist und ich davon überrollt werde.

Beispiel

Ein etwa 50-jähriger Coachee sagte zu mir, dass er sich in seinem Leben oft und stark genug verändert habe und es jetzt genug damit sei. Am liebsten hätte er es, wenn er seinem ganzen Team zurufen könnte: „Ich will so bleiben wie ich bin.", und das ganze Team riefe im Chor zurück: „Du darfst!" Ich sagte zu ihm: „Wenn Sie so bleiben wollen, wie Sie sind, ist das sehr, sehr anstrengend", was ihn verwunderte. „Denn", sagte ich, „wenn Sie so bleiben wollen, wie Sie sind, müssen Sie sich so verhalten wie ein Seehund, der auf seiner Nase einen Ball jongliert. Dann sind Sie ständig in Bewegung, gleichen aus, verlagern das Gewicht. Wenn der Seehund nichts mehr tut, fliegt der Ball runter."

Wenn wir so bleiben wollen, wie wir sind, müssen wir also ständig etwas tun. Sonst entwickeln wir uns nicht mehr weiter. Deshalb ist Stillstand nicht nur Stillstand, sondern in Wahrheit Rückschritt. Die Welt zieht an uns vorüber, wir bleiben zurück.

Zweites Prinzip: Je früher ich handele, desto besser

Die wichtigen Themen kommen im nicht-dringenden Bereich erst einmal recht klein daher. Je weiter sie in den dringenden Bereich treten, umso größer werden sie.

Beispiel

Wer mit leichten Zahnschmerzen gleich zum Zahnarzt geht, wird wahrscheinlich erleben, dass der Arzt den Zahn schnell versorgt. Nimmt man jedoch wochenlang Schmerztabletten und geht man erst dann zum Zahnarzt, wenn man es nicht mehr aushalten kann, läuft die Behandlung nicht mehr so schnell ab. Dann geht es vielleicht an die Wurzel, der Zahn muss raus oder bleibt als abgestorbenes Mahnmal im Mund.

Bleibe ich bei meiner persönlichen Weiterentwicklung laufend am Ball, dann mache ich mal hier ein Seminar, dort eine Fortbildung oder schule mich am Wochenende ein bisschen weiter. Wenn ich 20 Jahre nichts mehr dafür getan habe, steht ein riesiger Berg vor mir, den ich kaum mehr überschauen kann. Das ist bei allen wichtigen Themen gleich.

Das zweite Prinzip nennt sich daher auch „das doppelte Hebelprinzip“: Werde ich aktiv, *bevor* etwas dringend wird, habe ich erstens weniger Aufwand und zweitens ein besseres Ergebnis.

Zurück zum Weihnachtsgeschenk: Besorge ich es frühzeitig, habe ich weder Stress noch Hektik, also weniger unangenehme Gefühle, und weniger Aufwand. Aller Wahrscheinlichkeit nach finde ich sogar ein willkommeneres Geschenk und erziele damit ein besseres Ergebnis. Das ist das doppelte Hebelprinzip: mehr für weniger, also mehr Ergebnis für weniger Aufwand. Für Sie selbst gehört es also zu den lohnenswertesten Aufgaben, die für Sie wichtigen Themen zu identifizieren und sie anzugehen, bevor sie dringend werden. Wenn Sie agieren, bevor die wichtigen Dinge dringend werden, können Sie bessere Ergebnisse erzielen. Sie schaffen damit mehr Qualität. Heben wir es eine Stufe höher, kann man sagen: *Lebens*-Qualität.

Plötzlich hat man nicht nur geackert, sondern wirklich wieder etwas geschafft. Und was Sie sehr schnell spüren werden, wenn Sie danach agieren: Es kommt nun kaum mehr auf die Schnelligkeit an, mit der Sie die Themen erledigen. Allein die tiefe Gewissheit, in der richtigen Richtung unterwegs zu sein, wird Ihnen innerlich ein befreites Gefühl verschaffen. Dann erhalten Sie für sich Orientierung.

Drittes Prinzip: Nur Druck bringt uns nach vorne

Gut: Die ersten beiden Prinzipien haben Sie verinnerlicht. Nun fehlt noch das dritte Prinzip, bevor es an die Umsetzung geht.

Wenn die ersten beiden Prinzipien doch so einleuchtend sind, warum schaffen es dann viele Menschen nicht, ihre wichtigen Themen anzugehen? Oder deutlicher: Wenn ich doch haargenau weiß, dass Wichtiges irgendwann dringend wird und dass, je länger ich warte, der Aufwand größer und die Qualität schlechter wird – warum schaffe ich es dann nicht, *jetzt* aktiv zu werden? Sicherlich fallen Ihnen spontan einige Ursachen dafür ein, beispielsweise, dass das mit der Komfortzone zusammenhängen könnte. Oder dass einem dieses Auf-den-letzten-Drücker-aktiv-Werden von klein an eingetrichtert wurde. Das stimmt auch alles. Es gibt jedoch einen triftigen Grund, der nicht so eindeutig auf der Hand liegt. Deutlich wird das anhand des folgenden Beispiels.

Beispiel

Ihre Vorgängerin als Vorstandsassistentin hatte überraschend das Unternehmen verlassen, Margit Westermann sprang kurzfristig in die Bresche. Als vorrangigste Aufgabe musste sie eine Messe vorbereiten. Die bisherige Vorbereitung war chaotisch gewesen, es schien kein System zu geben; die Anrufe bei ihr häuften sich je näher der Messetermin rückte. Akribisch ging Frau Westermann eine Sache nach der anderen an – am letzten Tag übernachtete sie sogar im Schlafsack auf dem Messegelände, um sicherzustellen, dass am nächsten Tag zur Eröffnung auch alles klappen würde. Alles ging gut. Am Ende der Messe bedankte sich der Vorstand vor versammelter Mannschaft bei ihr und überreichte ihr einen Umschlag mit einem Gutschein über einen zweitägigen Aufenthalt in einem Wellness-Hotel.

Die Messe im darauffolgenden Jahr ging Margit Westermann anders an: frühzeitig, systematisch und engagiert. Alles lief wie am Schnürchen. Auch diese Messe war ein voller Erfolg, ebenso wie alle Messen in den Folgejahren, die sie organisierte. „Ein Danke", so Frau Westermann „oder gar einen Umschlag gab es aber nie wieder."

Botschaft angekommen? Ich empfinde es immer als ungerecht, dass gute, vorbereitende, planerische Arbeit weniger Wertschätzung erfährt als die „Rettung in letzter Not".

Die so wichtigen „Silent Runners"

Frau Westermann hat ab der zweiten Messe eine bessere Arbeit geleistet und bekam dafür weder ein Danke noch eine Belohnung. Es gab also keinerlei Bestätigung von außen. Der einzige Mensch, der scheinbar registrierte, dass sie gute Arbeit geleistet hat, war sie selbst.

In einem Unternehmen, in dem ich ab und an tätig bin, werden diese Mitarbeiter/innen intern als „Silent Runners" – stille Läufer – bezeichnet. Das sind die Leute, die still und zuverlässig und vor allem frühzeitig die Dinge tun, die getan werden müssen. Ungerechterweise erntet eher derjenige Beifall oder ein Danke, der eine selbst verschuldete Krise bewältigt, beispielsweise weil er oder sie eine lange Zeit nichts getan hat, als derjenige, der es gar nicht erst zur Krise komen lässt. Man könnte jetzt viel darüber philosophieren. Ändern kann man es kaum. Hier muss man einfach stark sein und sich überlegen, wie sehr man die Bestätigung von außen benötigt.

Warum wir aktiv werden, wenn es dringend wird

Nun stellt sich die Frage: „Wenn so viele Menschen es nicht schaffen, aktiv zu werden, wenn etwas noch nicht dringend ist – warum schaffen sie es dann, aktiv zu werden, wenn es dringend ist?" Worin besteht der Unterschied?

Ich habe es beispielsweise jedes Jahr geschafft, ein Weihnachtsgeschenk aufzutreiben. Und wenn der Kunde mit Kündigung droht, dann schicke ich ihm endlich auch seine Unterlagen. Was habe ich in solchen Situationen, was ich in nicht-dringenden Situationen nicht habe? Ich habe: Druck. Zeitlichen Druck oder körperliche Schmerzen oder einen unerträglichen Zustand. Das bringt mich in Bewegung. Solch einen Druck habe ich natürlich nicht, wenn die Sache noch nicht dringend ist.

Der Reflex, Dringendes zu erledigen

Es gibt eine neurologische Begründung, warum wir oft erst in letzter Minute loslegen: Dringendes löst im Gehirn einen Alarmzustand aus. Im Limbischen System – einem Gehirnteil, der unter anderem für unser Lust- und Unlustempfinden zuständig ist – werden dann starke Unlustempfindungen ausgelöst. Daraufhin macht sich das unbändige Verlangen breit, diese innere Spannung abzubauen, beispielsweise, indem wir die Sache endlich erledigen.

> Das dritte Prinzip lautet: Will ich Dinge voranbringen, die wichtig, aber nicht dringend sind, muss ich mir selbst Druck machen – es gibt keinen externen.

Aus diesem Druck heraus neigen wir dazu, Dringendes zu erledigen – und dadurch Wichtiges, das noch nicht dringend ist, aufzuschieben. Dringendes drängt sich naturgemäß immer nach vorn. Es liegt an uns, den Reflex zu unterdrücken und uns um die wirklich bedeutsamen Dinge zu kümmern. Im Umkehrschluss bedeutet das: Wollen Sie Ihre wichtigen, nicht dringenden Themen voranbringen, müssen Sie sich den Druck selbst machen. Ich weiß, ich weiß, das Wort „Druck" ist verpönt. Nennen wir es anders: Wenn Sie das erreichen wollen, was Ihnen etwas bedeutet, müssen Sie die Priorität so hoch setzen, dass Sie Ihre Sache aller Wahrscheinlichkeit nach auch verfolgen. Dass also Ihr Silvestervorsatz tatsächlich umgesetzt wird. Wie das geht, erfahren Sie im nächsten Kapitel.

Auf einen Blick: Nutzen Sie die Kraft des wirklich Wichtigen

- Oft verlieren wir im Alltag das, was uns wahrhaft wichtig ist, aus den Augen.
- Wenn wir Wichtiges vor uns herschieben, wirken zwei Prinzipien, die uns schaden können:
  1. Je länger wir zuwarten, desto dringender wird die Sache.
  2. Je länger wir die Erledigung hinausschieben, desto größer wird deren Aufwand und desto schlechter wird das Ergebnis bzw. die Qualität.
- Menschen agieren vor allem dann, wenn sie unter Druck stehen, etwas erledigen zu müssen. Wollen Sie Dinge voranbringen, die Ihnen wichtig, aber nicht dringend sind, müssen Sie sich selbst Druck machen – es gibt keinen externen.

Selbstmotiviert zum Ziel

Wer nicht weiß, wie er sich klug und attraktiv Ziele setzen kann, hat wenig Chancen, sie zu erreichen.

In diesem Kapitel erfahren Sie,

- warum wir im Leben Ziele brauchen,
- wie die Methode 3A + a dabei hilft, unsere Ziele zu erreichen,
- wie Sie dauerhaft selbstmotiviert bleiben,
- wie das Eisblumen-Prinzip für Sie arbeitet.

Warum wir uns so schwer tun mit den eigenen Zielen

Geht es in einem Seminar um individuelle Zielsetzungen, vernehme ich des Öfteren unwilliges Gebrummel oder treffe gar auf Widerstand. Kommt die Sache dann zur Sprache, heißt es sinngemäß immer wieder: „Ich habe im Beruf schon so viele Ziele. Ich will mich nicht noch zusätzlich unter Druck setzen." Manche erzählen in schillernden Farben, wie angenehm es sei, nicht immer zielgerichtet durchs Leben zu gehen, sondern sich einfach treiben zu lassen.

Da Sie zu diesem Buch gegriffen und es bis zu dieser Seite gelesen haben, teilen Sie vermutlich diese Meinung nicht. Dennoch einen Satz dazu, der zum Nachdenken bringen kann: „Wer keine Ziele hat, arbeitet immer für die Ziele von anderen."

Nur Ihre Ziele zählen

Wenn Sie nicht für die Ziele von anderen arbeiten wollen, brauchen Sie eigene. Es geht hier also nicht um Ziele, die Ihnen der Chef oder das Unternehmen vorgeben. Gleichwohl können Ihre Ziele natürlich beruflich ausgerichtet sein. Sie können sich Ziele stecken, in welcher Geschwindigkeit oder Qualität Sie Ihre Arbeit verrichten, welche Qualifikationen Sie erwerben wollen, wie viele Mitarbeiter Sie führen möchten und vieles mehr.

Der Sinn eigener Ziele

Warum, glauben Sie, macht es Sinn, sich eigene Ziele zu setzen? In der folgenden Übersicht finden Sie einige Gesichtspunkte dazu, ohne Anspruch auf Vollständigkeit.

Was selbst gesteckte Ziele bewirken

- Ziele geben Orientierung und sind damit das Gegenteil davon, sich treiben zu lassen: Ziele sind die Wegweiser auf Ihrem Lebensweg – und Sie schreiben auf diese, wohin die Reise geht!
- Ziele geben Halt: Sie sind wie ein Fels in der Brandung Ihres Lebens. Die Welt um Sie herum ändert sich ständig – immer schneller. Haben Sie große Ziele, dienen diese gerade in Zeiten ständiger Veränderung als Fixstern.
- Ziele geben Klarheit: Sie wissen sofort, was richtig ist oder falsch, wann Sie nachgeben können oder konsequent sein wollen. Und Sie wissen, wann es sich lohnt zu kämpfen und wann Sie gelassen bleiben sollten.
- Ziele motivieren: Unabhängig davon, ob Sie das Ziel je erreichen – ohne Ziel wären Sie vermutlich gar nicht losgelaufen.
- Ziele geben Ihnen Energie: Je größer das Ziel, desto mehr Power entwickeln Sie, solange es aus Ihrer Sicht erreichbar bleibt.

Was selbst gesteckte Ziele bewirken

- Ziele sind Einzahlungen: Erinnern Sie sich an das Selbstvertrauens-Konto. Um dieses zu stärken, sind eingehaltene Versprechen entscheidend. Ein Ziel, das man sich setzt und mit aller Kraft angeht, ist nichts anderes als ein Versprechen, das man sich gibt. Daher lohnt es sich, zur Stärkung des eigenen Selbstwertgefühls sein Ziel ausdauernd zu verfolgen.

Beruflich werden Ziele oft vorgegeben; so genannte Zielvereinbarungen sind in den meisten Fällen nichts anderes als Zielvorgaben. Etwas vereinfacht ausgedrückt wird da gesagt: „Wenn du das oder jenes erreichst, kriegst du so viel Geld mehr." Das hat wenig bis gar nichts mit den Zielsetzungen zu tun, die für Sie wichtig sind – abgesehen vom finanziellen Aspekt, versteht sich.

Weg vom Lustprinzip

Vielleicht ist die Fähigkeit, uns ein Ziel zu setzen und fortlaufend daran zu arbeiten, sogar ein Gradmesser dafür, wie weit unser Reifeprozess fortgeschritten ist. Kinder machen alles nach dem Lustprinzip. Ist die Lust verflogen, hören sie auf. Irgendwann beginnen Kinder, sich etwas vorzunehmen. Ein vierjähriger Junge etwa will einen Turm bauen. Das ist sein Ziel. Der Turm fällt ständig zusammen. Mittendrin ist die Lust weg, aber das Ziel ist noch da. Manche Kinder steigen aus, manche machen weiter. Je älter wir werden, umso eher sind wir in der Lage zu entscheiden, ob wir den Turm fertig bauen oder uns von Schwierigkeiten davon abhalten lassen. Wir fragen uns bewusst oder unbewusst: „Wie gehe ich damit um? Hör' ich auf? Mach' ich weiter?"

Und schon sind wir nicht mehr beim Ob, sondern beim Wie. Das führt direkt zur Glücksformel, mit der man seine Ziele am besten erreichen kann.

Ihr Königsweg zum Ziel: die Methode 3A + a

Die Methode 3A + a nenne ich gerne auch „Die Glücksformel". In dieser Formulierung steckt meine felsenfeste Überzeugung, dass Sie damit Ihre Ziele mit extrem hoher Wahrscheinlichkeit erreichen werden. Das führt zu dem, was wir gemeinhin „Glück" nennen, sich aber treffender mit „ein erfülltes Leben führen" umschreiben lässt.

Bei dieser Methode steht jedes der drei großen „A" für eine Bedingung.

Das erste A = Attraktivität

Ein Ziel muss für Sie selbst *attraktiv* sein. Eine Binsenweisheit, könnte man meinen. Weit gefehlt! Fast alle Zielvorgaben im Unternehmen sind damit schon mal außen vor, da sie nicht attraktiv für Sie sind. Geld, das ist seit Jahrzehnten erwiesen, ist kein langfristiger Motivator, also auf Dauer nicht attraktiv genug für unsere Ziele.

Ein Ziel darf auch nicht nur für den Chef oder den Lebenspartner wichtig sein – es muss Ihnen selbst wichtig sein. Die Frage, die Sie sich stellen sollten, um das herauszufinden, lautet: *Warum* will ich dieses Ziel erreichen? Und als Antwort ist es zu wenig, wenn nur kommt: „Es ist mir eben wichtig." Es geht hier um das Erforschen Ihres Beweggrundes. Sie entsinnen sich? Das ist ein Grund, der so stark sein muss, dass er Sie erstens in Bewegung versetzt und aus Ihrer Komfortzone bringt und Sie zweitens auch draußen hält, wenn es mal schwierig wird.

Beispiel

Angenommen, Sie haben eine zweijährige Qualifikation im Visier, die drei Abende in der Woche plus jedes zweite Wochenende Ihre Präsenz erfordert. Zwei Jahre können eine lange Zeit sein. Hier lohnt es sich, die Frage nach dem „Warum will ich das?" ausreichend zu beantworten. Erhalten Sie nämlich keine befriedigende Antwort, ist die Wahrscheinlichkeit hoch, dass Sie nach einigen Monaten aussteigen und sich lieber zu Ihren Freunden in den Biergarten gesellen.

Gehen wir davon aus, dass das „Warum?" geklärt ist und dass es Ihnen attraktiv genug erscheint. Dennoch haben Sie das unbestimmte Gefühl, dass dies vielleicht nicht reichen könnte. Möglicherweise werde ich es nicht schaffen, denken Sie. Dann gibt es drei einfache Verstärker.

1. Arbeiten Sie mit Belohnungen

„Unser Geist hat die Kraft eines Riesen und das Gemüt eines Kindes", lautet ein Sprichwort. Unser Geist ist, wie das bei Kindern eben so ist, bestechlich. Also: Belohnen Sie sich.

Belohnen Sie sich mit einer richtig großen Sache, wenn Sie eine richtig große Sache geschafft haben. Und belohnen Sie sich für Zwischenschritte. Das ist die Macht der positiven Bestärkung. Die nutzen wir sehr häufig bei anderen, etwa in der Erziehung oder wenn wir beim Lebenspartner ein bestimmtes Verhalten öfter hervorrufen wollen – für die eigene Person fällt uns das oft nicht ein. Nutzen Sie sie auch für sich selbst. Belohnen Sie sich ruhig mehr, als Sie verdient zu haben glauben.

2. Arbeiten Sie mit Bestrafungen

Manche Menschen reagieren nur mäßig auf in Aussicht gestellte Belohnungen. Da wirken Strafen, die sie vermeiden wollen, besser. Diese können Sie selbst so wählen, dass Sie garantiert Ihr Ziel erreichen. Sie könnten sich beispielsweise vornehmen, 50, 500 oder sogar 5.000 Euro zu spenden, wenn Sie Ihr Ziel nicht erreichen. Wenn Sie ein Ziel wirklich erreichen wollen, sich aber nicht sicher sind, ob Sie es bis dahin durchhalten, setzen Sie am besten unter Zeugen einfach eine so hohe (Geld-)Strafe aus, dass Sie sich danach ganz sicher sein können. Selbstredend sollten Sie das Ziel zu 100 % beeinflussen, also erreichen können.

3. Arbeiten Sie mit Visualisierungen

Visualisierungen sind wichtig. Wir können dieses Thema hier nur anreißen, weil das ein eigenes Buch füllen würde. Es geht um mentale Techniken, wie sie im Leistungssport eingesetzt werden. Fast alle Spitzensportler visualisieren, stellen sich also im Geist den Weg zum Ziel und das Erreichen des Ziels vor. Schaffen Sie sich in Ihrem Kopfkino einen Film, den Sie immer und immer wieder anschauen. Der Film sollte so attraktiv sein, dass er Ihnen gute Gefühle vermittelt und ein breites Lächeln ins Gesicht zaubert. Wenn Sie nur kurz daran denken und dabei innerlich in Hochstimmung kommen, liegen Sie goldrichtig.

Das zweite A = Aufwand

Ach, stimmt – so ein Ziel erreichen wir ja nicht von allein. Dahinter steckt manchmal ein ganz schöner Aufwand. Den müssen wir so genau wie möglich notieren.

Aufschreiben lohnt sich

Wie hoch ist der Aufwand, den ich betreiben muss, um mein Ziel aller Wahrscheinlichkeit nach zu erreichen? Im Falle der zweijährigen Qualifikation macht es Sinn, die Präsenztage aufzulisten, ebenso die Zeiten, die fürs Lernen investiert werden. Hinzu kommen Dinge, auf die ich verzichte, beispielsweise im Sommer auf den Biergarten oder auf den Urlaub. Vielleicht wird sich auch mein Lebenspartner beschweren, weil ich weniger Zeit für ihn habe, oder die Intensität der Beziehung zu Freunden lässt vielleicht nach. Das alles sollten Sie aufschreiben.

Was für Hindernisse erwarten Sie?

Haben Sie das notiert, nehmen Sie eine neue Seite und versehen Sie sie mit der Überschrift: Welche Schwierigkeiten und Hindernisse werden möglicherweise auf dem Weg zum Ziel auf mich zukommen? Notieren Sie auch hier alles, was Ihnen so einfällt. Immer wieder erstaunt es mich, wie sich Menschen durch glasklar vorhersehbare Hindernisse von ihrem Ziel abbringen lassen. Da nimmt sich etwa jemand im September als 90-Tage-Test vor, zweimal die Woche zu joggen. Und im Dezember stellt er fest, dass es morgens noch stockdunkel und außerdem bitterkalt ist. So etwas ist vorhersehbar. Ebenso ist vorhersehbar – um beim Beispiel mit der zweijährigen Qualifikation zu bleiben –, dass es Frustphasen geben wird. Dass Sie manchmal den Stoff nicht verstehen werden, dass Sie unendlich länger brauchen als gedacht, dass die Noten nicht im Verhältnis zum Aufwand stehen, dass Sie vielleicht mal krank werden und vieles mehr.

„Something for nothing" gibt es nicht

Schreiben Sie alles auf, was mit großer Wahrscheinlichkeit nach kommt und auch das, was nur in einem unwahrscheinlichen Fall eintreten wird. Der Aufwand ist im übertragenen Sinn der Preis, den Sie für Ihr Ziel bezahlen müssen. Zielerreichung gibt es nicht zum Nulltarif. „Something for nothing", wie es die Amerikaner sagen, gibt es hier nicht. Vielleicht müssen Sie ein anderes Ziel für das neue aufgeben. Vielleicht müssen Sie umziehen, unbequeme Entscheidungen treffen, sich intensiv mit Ihrem Lebenspartner auseinandersetzen oder Ihre eigene Bequemlichkeit überwinden. Und immer bleibt ein Teil des Aufwands ungewiss.

Jetzt, nachdem Sie den Aufwand und die möglichen Schwierigkeiten notiert haben, kommt die entscheidende Frage, die Sie ehrlich beantworten müssen: „Lohnt sich das?"

Und wenn es nicht klappt? Hat es sich dann auch gelohnt?

Lohnt es sich, mein Ziel zu verfolgen, auch wenn mir andere Knüppel zwischen die Beine werfen? Lohnt es sich auch in Phasen, in denen ich keine Lust habe? Lohnt es sich, auch wenn es nicht so läuft wie geplant? Und Sie sollten sich unbedingt jene Frage stellen, auf die Sie schon im Abschnitt „Vom Umgang mit Niederlagen" gestoßen sind: „Lohnt sich mein Einsatz, auch wenn ich mein Ziel nicht erreiche?" Sehen Sie das ein bisschen sportlich. Nehmen wir einen Spitzensportler, einen Turner, der sechs Mal die Woche intensiv trainiert. Er bereitet sich auf einen bestimmten Wettkampf, vielleicht gar die Olympiade vor. Dafür gibt er bei jedem Training 100 Prozent. Tag für Tag. Das ganze Jahr hindurch. Und dann, im Wettkampf, klappt gar nichts. Er scheidet schon in der Vorrunde aus. Fragen Sie nun den Sportler, ob sich der ganze Aufwand gelohnt habe, jetzt wo er doch sang- und klanglos ausgeschieden ist – was glauben Sie, wird er antworten? So sicher wie das Amen in der Kirche wird er sagen: „Natürlich hat es sich gelohnt!"

So sollte es auch bei Ihnen sein: Definieren Sie ein Ziel und fragen Sie sich, ob es lohnt, sich dafür 100 %ig einzusetzen – auch wenn Sie das Ziel vielleicht nicht erreichen sollten. Wenn es sich nicht lohnt, ist Ihnen das Ziel nicht wichtig genug. Dann lassen Sie es sein oder verschieben Sie es auf einen späteren Zeitpunkt. Wenn es sich aber lohnt, legen Sie los und spielen Sie mit fünf Kugeln.

Beispiel

Auch das kann es geben: Einer meiner Seminarteilnehmer hatte sich zum Ziel gesetzt, in den nächsten zwölf Monaten an seinem Arbeitsplatz mit fünf Kugeln zu spielen, also alles zu geben. Er notierte, was er alles tun könnte und sollte und auf was er verzichten müsste. Akribisch schrieb er den Aufwand und die voraussichtlichen Schwierigkeiten auf, die sich ihm in den Weg stellen würden. Dann kam er zu der Frage: „Lohnt sich das?"

Als er die lange Liste mit Dingen sah, die er sich da aufbürden wollte, war er hin- und hergerissen. Irgendwann entschied er sich: „Das ist mir zu anstrengend. Der Preis ist mir zu hoch."

Manchmal stellt man fest, dass sich der Aufwand nicht lohnt. Das kommt vor. Dann hat die Auflistung aber auch Sinn gemacht. In diesem Fall können Sie, guten Gewissens hoffentlich, das Vorhaben zur Seite schieben und müssen nicht ständig daran denken. Vielleicht legen Sie es auch auf Wiedervorlage und schauen, ob in sechs Monaten ein besserer Zeitpunkt dafür ist.

Haben Sie die Frage, ob es sich lohnt, dagegen mit einem kraftvollen oder meinetwegen auch mit einem unsicheren und etwas ängstlichen „Ja!" beantwortet, dann Feuer frei! Jetzt können Sie loslegen.

Das dritte A = Aktion

Legen Sie los und definieren Sie dazu zwei Fixpunkte:

1 Definieren Sie Ihren ersten Schritt und gehen Sie ihn so schnell wie möglich – ich empfehle: sofort!

2 Bestimmen Sie Meilensteine (Zwischenziele) mit genauem Datum und Zielerreichungsgrad sowie das Datum, an dem Sie das Ziel erreicht haben werden.

Mehr ist das nicht. Scheint ganz leicht. Ist es auch, weil ein Kniff aus der psychologischen Trickkiste zum Tragen kommt, was bei einem Schwaben ganz klar wird: Wenn dieser den ersten Schritt durch eine Anzahlung tätigt, die er nicht mehr zurückbekommt – dann wissen alle, dass er sein Ziel erreichen wird. Ich darf das sagen, da ich selber Schwabe bin. Also: Tun Sie den ersten Schritt. Treten Sie in Aktion. Nur die Aktionen, die Sie tatsächlich angehen, können erfolgreich sein.

> „Sie verfehlen 100 % der Schüsse, die Sie niemals abgeben." (Wayne Gretzky, der bis heute als bester Eishockeyspieler aller Zeiten gilt)

Schießen Sie! Aufs Tor oder daneben – aber, um Himmels Willen: Schießen Sie! Legen Sie los. Machen Sie den ersten Schritt.

Wie Konsistenz uns leitet

Das Prinzip gilt für alle: Machen Sie bitte nicht nur den ersten Schritt, machen Sie ihn so schnell es geht! Raffen Sie sich auf, legen Sie das Buch zur Seite und machen Sie den ersten Schritt, falls Sie sich schon etwas vorgenommen haben sollten.

Der erste Schritt kann sein, dass Sie jemandem eine Zusage geben, dass Sie einen Plan machen oder dass Sie jemandem etwas versprechen. Das Zauberwort beziehungsweise die psychologische Wirkungsweise dahinter heißt „Konsistenz".

Menschen wollen ein „konsistentes Verhalten" an den Tag legen. Wenn jemand eine Entscheidung getroffen hat, dann will er sich auch danach verhalten. Das heißt, es ist viel Energie nötig, um so jemanden zu einem inkonsistenten Verhalten zu bringen. Nutzen Sie das: Machen Sie den ersten Schritt und zwingen Sie sich damit zu einem konsistenten Verhalten.

Das kleine a = aufschreiben

Sagen Sie einem Raucher, der wieder einmal dem Nikotin abschwören will, dass er dieses Vorhaben *aufschreiben* solle. In acht von zehn Fällen wird er sich dagegen vehement wehren und in zehn von zehn Fällen wird er das nicht tun. Warum?

Der erste Effekt: Es wird ernst

Weil es damit verbindlich wird. Sein Gehirn signalisiert ihm sofort, wenn Sie ihm Papier und Stift reichen: „Tu das nicht! Sonst wird es ernst! Sonst musst du tatsächlich aufhören!"

Das ist die eine Seite des Aufschreibens. Es wird verbindlich. Nutzen Sie es für sich im positiven Sinn. Schreiben Sie auf, was Ihnen wichtig ist. Führen Sie ein Buch darüber. Schauen Sie immer mal wieder rein, und notieren Sie auch, wenn Sie eine Sache geschafft haben.

Der zweite Effekt: Ich vergesse nichts

Zeitgleich mit dem Aufschreiben wird klar: Sie werden automatisch immer wieder an Ihr Vorhaben erinnert. Das verhindert Aussagen wie „Ach, Mist! Ich hatte mir ja mal vorgenommen, dieses Jahr mehr für meine fachliche Weiterbildung zu tun."

Sie sehen also: Auch das kleine „a" steht für etwas Großes.

Erreichen Sie Ihr Ziel zu 94,7 %

Im Grunde haben Sie jetzt das Rüstzeug für ein dauerhaft motiviertes Leben. Egal, ob im Beruf oder im Privaten – die Methode ist immer dieselbe:

Schritt für Schritt in ein selbstmotiviertes Leben

1. Überprüfen Sie Ihren Filter und Ihre Einstellungen, die dafür ungünstig bzw. hilfreich sind.
2. Überlegen Sie, was Ihnen wirklich wichtig ist.
3. Formulieren Sie Ihr Ziel mit der Methode 3A+a.
4. Erkennen Sie Ihre Motivatoren: Nutzen Sie Mechanismen, die bei Ihnen gut wirken: Belohnungen, Bestrafungen, Visualisierungen.
5. Bestimmen Sie Aufwand und Hindernisse: Wie weit müssen Sie sich aus Ihrer Komfortzone entfernen? Lohnt sich der Aufwand, auch wenn Sie alles geben und Ihr Ziel nicht erreichen.
6. Machen Sie schnellstmöglich den ersten Schritt.

Wenn Sie all diese Schritte gehen, erreichen Sie Ihr Ziel mit einer Wahrscheinlichkeit von 94,7 %. Warum gerade diese

Zahl? Sie ist der Durchschnitt aus rund 13 Jahren, in denen sich Teilnehmer meiner Workshops und Coachings nach dieser Methode Ziele vorgenommen und diese mit diesem hohen Erfolgsgrad erreicht haben. Ich gebe zu, dass dies keine wissenschaftliche Erhebung ist und dass die genannte Erfolgsquote allein deshalb schon ein wenig hinkt, weil sich nicht sämtliche Teilnehmer gemeldet haben. Darum geht es aber gar nicht. Es geht nicht um fünf Prozent mehr oder weniger. Es geht darum, dass Sie hier ein System an die Hand bekommen, mit dem Sie sofort loslegen können, das schnell zu verstehen und praktisch in der Anwendung ist.

Was jeder fast mühelos erreichen kann

Mit dieser Methode kommen Sie in Bewegung. Damit kommen Sie erst einmal raus aus der Komfortzone. Jetzt geht es noch darum, draußen zu bleiben oder, diese Formulierung ist zutreffender: Immer wieder rauszugehen! Also nicht nur ein einziges Mal eine Sache anzugehen, sondern wirklich bei allen bedeutsamen Themen mit fünf Kugeln zu spielen. Das scheint für die meisten Menschen ein unerreichbares Ziel. Und doch können Sie es fast mühelos erreichen. Wie?

Beispiel

Ganz aufgewühlt fing mich ein Teilnehmer ab, als ich gerade ins Auto steigen wollte. Thomas Brennecke hatte den viertägigen Workshop „Ziele mit Sicherheit erreichen" mitgemacht. Er war schon während des Seminars ganz aufgeregt gewesen und voll positiver Energie. Ihm war klar, welche Ziele er jetzt wie angehen würde. Umso mehr überraschte er mich mit der Frage: „Wie schaffe ich es, diese Energie ständig in mir zu haben? Ich möchte nicht nur für meine Ziele so gut drauf sein. Ich möchte das als Dauerzustand. Ich möchte dauerhaften Erfolg! Haben Sie da einen Ratschlag?"

Ich hatte einen: „Vergessen Sie die Sache mit dem Erfolg", sagte ich ihm. „Geben Sie einfach Ihr Bestes."

Was steckt hinter diesem Beispiel? Die Botschaft: Entscheiden Sie sich bewusst dafür, stets Ihr Bestes zu geben. Fällen Sie diese Entscheidung aus ganzem Herzen, ohne Wenn und Aber. Dann justiert sich automatisch Ihr Filter. Dann spielen Sie mit fünf Kugeln. Dann bleiben Sie draußen, wenn es darauf ankommt. Entscheiden Sie sich dafür. *Jetzt.*

Arbeiten Sie an Ihrem Babsi-Faktor

Beispiel

Eines Tages, zu Zeiten, als ich noch fest angestellt arbeitete, stieß Babsi zu unserem Team. Eigentlich hieß sie Barbara, wollte aber Babsi genannt werden.

Von ihrem ersten Arbeitstag an veränderte Babsi unser Team. Sie war ein ganz normales Teammitglied wie alle anderen zwölf Mitarbeiter auch. Babsi kam jedoch, und das unterschied sie von uns allen, vom ersten Arbeitstag an mit einer solch hohen Selbstmotivation, gepaart mit einer fast schon unverschämt guten Laune – dass sie alle anderen damit ansteckte. Schon nach wenigen Wochen war die Stimmung im gesamten Team um mehrere Hundert Prozent gestiegen. Dabei war die Stimmung vorher auch schon nicht schlecht gewesen.

Ich habe mich im Lauf der Jahre oft mit Babsi unterhalten. Sie war faszinierend. Sie hatte schon die unterschiedlichsten Jobs gehabt: Blumenverkäuferin, Filialleiterin im Lebensmitteleinzelhandel, Sekretärin und so manches mehr. Alles, versicherte sie mir hoch und heilig, alles habe sie mit derselben Hingabe und Selbstmotivation gemacht.

Babsi verließ unser Team, weil sie Mutter wurde. Ich habe ihren Lebensweg nicht weiter verfolgen können – aber ich bin davon überzeugt, dass sie diese neue Rolle mit derselben Leidenschaft ausgefüllt hat.

Wenn ich eine These aufstellen darf, sie ist nicht einmal sonderlich gewagt, lautet sie: Im Beruf kommen die Babsis, die Selbstmotivierten weiter.

Mir gefällt die Vorstellung ungemein, in einem eingeschworenen Team zu arbeiten, in dem alle hochgradig selbstmotiviert sind. Stellen Sie sich das vor, unabhängig, ob es sich um eine Vier-Mann-Schreinerei, eine Zehn-Frau-Abteilung im Marketing oder ein 150-Mitarbeiter-Forschungsteam handelt. Spüren Sie, was dieses hochgradig selbstmotivierte Team erreichen kann? Spüren Sie die Kraft, die dahinter steckt?

Auf einer Skala von 0 bis 10: Wie steht es um Ihren persönlichen Babsi-Faktor? Gute Laune gepaart mit dauerhafter Selbstmotivation?

Wie Sie dauerhaft selbstmotiviert bleiben

Gestatten Sie mir noch ein paar – vielleicht auch etwas philosophisch angehauchte – Anmerkungen zum Ende dieses Buches. Sie spüren sicher, dass die Inhalte dieses Buches konzentriert sind. Sie sind sozusagen die Essenz der dauerhaften Selbstmotivation. Wenn Sie sich darauf einlassen, kann

Ihnen passieren, was schon so vielen meiner Seminarteilnehmer widerfahren ist: das Eisblumen-Prinzip tritt in Ihr Leben.

Das Eisblumen-Prinzip

Vielleicht konnten Sie aus Ihrer Kindheit die Erinnerung retten, wie sich bei Frost eine Eisblume an der Glasscheibe bildete. Es dauerte nicht lang und eine weitere, kleinere Eisblume blühte am Rand der ersten auf. Eine dritte folgte, eine vierte, viele weitere. Irgendwann war das ganze Fenster voller Eisblumen.

So wird es auch mit Ihren Zielen sein: Das erste gehen Sie jetzt an. Ein zweites, vielleicht kleineres, folgt fast unweigerlich. Es zieht das nächste nach sich, und es folgen viele, viele weitere. So bleiben Sie automatisch draußen und automatisch selbst-motiviert. Dauerhaft.

Vorsicht: Suchtgefahr!

Ja, es kann sogar sein, dass Sie süchtig danach werden – süchtig danach, dauerhaft selbstmotiviert durchs Leben zu gehen. Manchmal fragen Seminarteilnehmer: „Ist es nicht anstrengend, die ganze Zeit motiviert zu sein?" Manchmal frage ich zurück: „Ist es nicht tausendfach anstrengender, ohne eigenen Antrieb durchs Leben zu gehen und darauf zu warten, dass man von extern flottgemacht wird?"

Es macht Spaß, sich selbst nach vorn zu bringen, es macht Spaß, alles daran zu setzen, einen schwierigen Kunden zufriedenzustellen oder den Mitarbeiter oder den Pförtner oder den Lebenspartner. Es macht Spaß, sein Bestes zu geben. Schon immer gehörte es zu meinen Idealvorstellungen, den ganzen Tag powern zu können, am Abend hundemüde ins Bett zu fallen, um am nächsten Morgen wieder frisch und erholt aufzustehen und mit fünf Kugeln ans Werk gehen zu können. Das macht Spaß und ergibt zusätzlich noch jede Menge positive Nebeneffekte.

Der wahrscheinlich intensivste Effekt, der eintritt, wenn Sie sich auf ein dauerhaft selbstmotiviertes Leben verpflichten, beruht nicht auf den Ergebnissen Ihres Tuns. Es ist der Weg zu den Ergebnissen. Der Prozess. Sie verspüren mehr Energie, mehr Tatkraft und Sie verfügen über ein deutlich höheres Selbstvertrauen.

Auf dem Weg zu einem neuen Lebensgefühl

Ja, Sie lesen richtig: Jetzt gegen Ende des Buches rede ich von Nebeneffekten. Zu Beginn haben wir noch davon geredet, wie wichtig manche Themen sind und wie sehr Sie sich ins Zeug legen sollen oder wollen, beispielsweise um befördert zu werden. Und jetzt, da Sie vielleicht schon die ersten Erfolge eingeheimst haben und merken, wie viel Energie diese Lebenseinstellung „Dauerhafte Selbstmotivation" schaffen kann, jetzt verrate ich Ihnen, dass ein ganz anderes Lebensgefühl Ihr Haupteffekt sein wird.

Letzte Woche sprach ich mit einem Manager. Irgendwann erwähnte er beiläufig, seine größte berufliche Leistung sei es gewesen, mit einem Budget, das „unmöglich niedrig", und einem Zeitrahmen, der „unmöglich einzuhalten" gewesen sei, – also trotz schwierigster Rahmenbedingungen – ein bestimmtes Projekt trotzdem gestemmt zu haben. Welche schwierigen Rahmenbedingungen benötigen Sie, um immer wieder solche Leistungen zu erbringen?

Work smart not hard

Dauerhaft selbstmotiviert zu sein, fällt einem nicht in den Schoß. Das ist eine ganz bewusste, kontinuierliche Arbeit an sich selbst. Das Schöne daran: Jede(r) kann das. Jede(r) kann es lernen. Und jede(r) kann entscheiden, bis zu welchem Grad er/sie es darin zur Meisterschaft bringen will. Und je mehr Sie daran arbeiten, umso leichter, natürlich-müheloser wird es.

Vielleicht blättern Sie nochmals zurück zum Vorwort: Was haben Sie gedacht, als Sie die forsch-arrogant anmutende Behauptung gelesen haben, dass jeder tagtäglich energiegeladen und gut gelaunt seinem Tagwerk nachgehen kann? Hielten Sie das für – vielleicht sogar maßlos – übertrieben? Beschlich Sie das mulmige Gefühl, dass da etwas nicht ganz geheuer sein könne? Jetzt hat sich Ihr Filter verändert. Jetzt haben Sie möglicherweise eine andere Einstellung und wissen, dass es nicht darum geht, ob es tatsächlich möglich ist, sondern um die Frage: Will ich das?

Ich hoffe, Sie wollen.

Stellen Sie sich dazu diese Frage und antworten Sie ehrlich: Wollen Sie wirklich *jeden* Tag Ihr Bestes geben? Im Beruf, im Privatleben, für sich selbst? Oder wollen Sie nicht doch lieber eine Stufe darunter anstreben und wenigstens noch ab und an ein paar trübsinnige Fernsehabende einlegen? Oder zwei Stufen darunter? Bequemer ist das schon.

Vielen Menschen fällt vieles ein, was dagegen spricht, kontinuierlich mit einem hohen Grad an Selbstmotivation durchs Leben zu gehen:

- „Ich muss doch auch mal abschalten."
- „Das ist doch nicht normal, dass man immer motiviert ist."
- „Gut Ding will Weile haben – in der Ruhe liegt die Kraft."
- „Du warst doch früher auch nicht so verbissen ehrgeizig."
- „Ich will nicht noch mehr und schneller und härter arbeiten müssen."

Glauben Sie also bitte nicht, dass Ihr Umfeld „Hurra!" schreit, wenn Sie von nun an Ihre Ziele abstecken, diese engagiert angehen und bei Schwierigkeiten Ihren Aufwand verdoppeln.

Statt „work hard" tendiere ich eher zu „work smart". Arbeiten Sie klug und effektiv. Achten Sie auf Ihre eigene Ausrichtung. Möchten Sie beruflichen Erfolg haben, bringt es nichts, mit der Masse zu laufen. Da müssen Sie sich – positiv! – abheben. Beispielsweise durch einen hohen Babsi-Faktor. Beispielsweise, indem Sie stets mit fünf Kugeln spielen. Beispielsweise, indem Sie Ihre erste Eisblume an die Glasscheibe malen.

Am besten: JETZT. Ich wünsche Ihnen viel Erfolg!

Auf einen Blick: Selbstmotiviert zum Ziel

- Wer nicht sein ganzes Leben für die Ziele von anderen arbeiten will, braucht eigene Ziele.
- Eigene Ziele geben Halt, Klarheit, Energie – und sie motivieren.
- Mit der Formel 3A+a erreichen Sie Ihre Ziele mit hoher Wahrscheinlichkeit.
- Haben Sie einmal nach diesem Verfahren ein Ziel verfolgt und erreicht, tritt das Eisblumenprinzip ein: Ein zweites Ziel folgt, es zieht das nächste nach sich, gefolgt von vielen weiteren. So bleiben Sie automatisch selbst-motiviert. Dauerhaft.

Stichwortverzeichnis

Impressum

Bibliografische Information der Deutschen Nationalbibliothek
Die Deutsche Nationalbibliothek verzeichnet diese Publikation in der Deutschen Nationalbibliografie; detaillierte bibliografische Daten sind im Internet über http://dnb.dnb.de abrufbar.

Print: ISBN: 978-3-648-06926-4 Bestell-Nr.: 00997-0002
ePub: ISBN: 978-3-648-06927-1 Bestell-Nr.: 00997-0101
ePDF: ISBN: 978-3-648-06928-8 Bestell-Nr.: 00997-0151

Reinhold Stritzelberger
Selbstmotivation – Wie Sie dauerhaft leistungsfähig bleiben

2. Auflage 2015

Redaktionsanschrift: Fraunhoferstraße 5, 82152 Planegg/München
Telefon: (089) 895 17-0
Telefax: (089) 895 17-290
Internet: www.haufe.de
E-Mail: online@haufe.de
Redaktion: Jürgen Fischer
Redaktionsassistenz: Christine Rüber
Lektorat: Nicole Jähnichen, 81247 München

Umschlag: Kienle gestaltet, Stuttgart
Umschlaggestaltung: RED GmbH, 82152 Krailling
Satz und Druck: Beltz Bad Langensalza GmbH, 99947 Bad Langensalza

Der Autor

Reinhold Stritzelberger

„Deutschlands Experte für dauerhafte Selbstmotivation" (ARD), steht für die neue Dimension von modernem Selbst- und Lebensmanagement. Als Speaker, Trainer und Coach unterstützt er Menschen mit nachhaltigem Erfolg dabei, erfüllende Ziele zu definieren und leidenschaftlich zu verfolgen. Reinhold Stritzelberger ist Diplom-Betriebswirt, zertifizierter Business-Coach und Lehrtrainer. Bekannt wurde der Gründer und Inhaber von RS-Training durch Auftritte in Funk und Fernsehen, Podcast-Produktionen und zahlreiche Fachbeiträge. Mehr über den Autor unter www.Dauerhafte-Selbstmotivation.de.

Weiterführende Anregungen und Impulse zum Thema bekommen Sie in den kostenlosen Podcasts des Autors auf www.abenteuer-selbstmanagement.de – Viel Freude beim Hören!

Weitere Literatur

„Willensstärke – Energien freisetzen und Ziele erreichen", von Peter Gerst und Reinhold Stritzelberger, 128 Seiten, EUR 7,95. ISBN 978-3-648-07098-7, Bestell-Nr. 10711

„Stress ade – Die besten Entspannungstechniken" von R. Geisselhart und C. Hofmann-Burkhart, 128 Seiten, EUR 7,95, ISBN 978-3-648-06686-7, Bestell-Nr. 00654

„Burnout – erkennen und verhindern" von Christian Stock, 128 Seiten, EUR 7,95, ISBN 978-3-648-06680-5, Bestell-Nr. 00338